国家重点研发计划项目"国家安全风险管理关键技术研究与应用"
（编号：2018YFC0806900）研究成果

统筹发展与安全的中国能源高质量发展趋势研究

STUDY OF CHINA'S ENERGY HIGH-QUALITY DEVELOPMENT
TREND OF COORDINATING DEVELOPMENT AND SECURITY

张宇贤　肖宏伟　尹伟华　等著

新华出版社

图书在版编目（CIP）数据

统筹发展与安全的中国能源高质量发展趋势研究 /
张宇贤等著 . —北京：新华出版社，2021.9
ISBN 978－7－5166－6017－1

Ⅰ．①统… Ⅱ．①张… Ⅲ．①能源发展—研究—中国
Ⅳ．①F426.2

中国版本图书馆 CIP 数据核字（2021）第 175466 号

统筹发展与安全的中国能源高质量发展趋势研究

作　　者：张宇贤　肖宏伟　尹伟华等

责任编辑：赵怀志
封面设计：人文在线

出版发行：新华出版社
地　　址：北京石景山区京原路 8 号　　　　邮　　编：100040
网　　址：http://www.xinhuapub.com
经　　销：新华书店
购书热线：010-63077122　　　　中国新闻书店购书热线：010-63072012

照　　排：北京人文在线文化艺术有限公司
印　　刷：廊坊市海涛印刷有限公司
成品尺寸：170mm×240mm　1/16
印　　张：11.25　　　　　　　　　　字　　数：145 千字
版　　次：2022 年 1 月第一版　　　　印　　次：2022 年 1 月河北第一次印刷
书　　号：ISBN 978－7－5166－6017－1
定　　价：48.00 元

前　言

《中华人民共和国国民经济和社会发展第十四个五年规划和 2035 年远景目标纲要》提出，要坚持总体国家安全观，实施国家安全战略，维护和塑造国家安全，统筹传统安全和非传统安全，把安全发展贯穿国家发展各领域和全过程，防范和化解影响我国现代化进程的各种风险，筑牢国家安全屏障。能源安全是总体国家安全观的重要内容之一，近年来能源行业深入学习贯彻能源安全新战略，大力推进能源生产消费革命，全面推进供给侧结构性改革，不断深化能源体制机制改革，清洁低碳、安全高效的能源体系日渐成熟完善，能源对经济社会发展的服务保障愈加精准有力。"十四五"时期是我国能源转型变革和碳达峰的关键期、窗口期，2026—2035 年是我国如期实现 2030 年前碳达峰和 2060 年前碳中和目标的重要期、攻关期，也是构建清洁低碳、安全高效的能源体系的加速期，对能源高质量发展提出了新的要求。本书在统筹发展与安全的大背景下开展能源高质量发展趋势研究，为实现"十四五"规划和二〇三五年远景目标提供能源安全保障，具有重大的理论意义和现实意义。

本书是我主持的国家重点研发计划项目"国家安全风险管理关键技术研究与应用"（编号：2018YFC0806900）下的课题"社会安全与经济安全风险辨识、预警与综合研判决策支持技术"（编号：2018YFC0806903）中的专题"经济安全风险辨识、预警与综合研判"（编号：2018YFC0806903-01）的研究成果。该课题于 2018 年 7 月立项，历时近 3 年，组织国家信息中心经济预测部政策仿真实验室肖宏伟、尹伟华、袁剑琴、温志超、刘明等同志对能源安全评估、能源中长期预测、能源高质量发展路径选择等方面开展了深入研究。国家信息中心经济预测部政策仿真实验室在CGE 模型、投入产出模型、计量经济模型、能源需求预测、能源经济、能源安全评估等领域有着良好的研究基础，处室成员长期致力于经济、能源、气候变化数量模型和政策模拟研究，具有丰富的模型研制经验，曾开发中国宏观经济政策计量模型、国际投入产出模型、中国区域间投入产出模型、中国动态可计算一般均衡模型等，完成的《"十三五"规划指标平衡测算研究》《我国中长期能源供需预测模型系统开发以及能源总量与结构预测研究》《我国页岩气开发经济性评估与经济社会环境影响研究》等报告获国家发展改革委优秀研究成果奖多项，感谢政策仿真实验室全体同志对本书撰写的努力付出。课题负责人和课题组成员如下：

课题负责人：

张宇贤　国家信息中心经济预测部主任，二级研究员

课题组成员：

肖宏伟　国家信息中心经济预测部政策仿真实验室副主任，副研究员

尹伟华　国家信息中心经济预测部政策仿真实验室副研究员

袁剑琴　国家信息中心经济预测部政策仿真实验室助理研究员

温志超　国家信息中心经济预测部政策仿真实验室助理研究员

刘　明　国家信息中心经济预测部政策仿真实验室助理研究员

本书共分为 6 章，我负责全书统稿与审定，肖宏伟、尹伟华负责部分章节统稿，各章节撰写分工如下：第 1 章由肖宏伟撰写，第 2 章由尹

伟华撰写，第 3 章由尹伟华、温志超、肖宏伟撰写，第 4 章的电力部分由肖宏伟撰写，能源部分由尹伟华撰写，石油部分由袁剑琴撰写，天然气部分由温志超撰写，煤炭部分由刘明撰写，第 5 章由尹伟华撰写，第 6 章由尹伟华、肖宏伟撰写。

感谢国家重点研发计划项目"国家安全风险管理关键技术研究与应用"（编号：2018YFC0806900）对本书出版的资助，在研究过程中，课题组得到了清华大学公共安全研究院副院长袁宏永教授、清华大学中国企业成长与经济安全研究中心主任雷家骕教授、公安部第三研究所朱建平研究员等专家学者的指导，在此表示衷心感谢！同时，本书能顺利出版，北京人文在线文化艺术有限公司和新华出版社的帮助也十分珍贵，在此对他们表示诚挚的感谢。

由于作者研究水平有限，书中难免有不当和错漏之处，在此诚恳欢迎读者朋友批评指正。

张宇贤

2021 年 5 月

目　录

第1章 绪 论

1.1 研究背景和意义

1.1.1 研究背景

保障能源安全是满足人民日益增长的美好生活需要和推动经济高质量发展的重要基础。当前，我国仍处在大有可为的重要战略机遇期，经济迈入高质量发展新时代，经济增长潜力巨大，能源需求刚性增长，然而我国能源安全仍面临着油气增产难度较大，新能源和可再生能源短期难以成为主体能源，生态环境约束加剧等多重挑战。例如，我国能源利用方式比较粗放，2019年我国单位国内生产总值（GDP）能耗约是世界平均水平的1.5倍，未来随着现代化深入推进和人民生活不断改善，能源需求还会增长，如何保障能源安全供应显得尤为重要；我国油气资源相对匮乏，2019年我国原油对外依存度达到71%，天然气对外依存度达43%，国内油气生产难以满足需求增长，油气对外依赖过高直接威胁到我国经济社会稳定运行；能源清洁高效开发利用水平不高，2019年煤炭在一次能源消费中比重仍为57.7%，在相当长时间内煤炭的主体能源地位不会变化，传统粗放式的能源开发和未清洁化利用与碳排放、生态环境承载力的矛盾依然突出等。

　　保障能源安全是实现两个百年奋斗目标、实现中华民族伟大复兴中国梦的根本保障。党的十九大提出，既要全面建成小康社会、实现第一个百年奋斗目标，又要乘势而上开启全面建设社会主义现代化国家新征程，到本世纪中叶把我国建成富强民主文明和谐美丽的社会主义现代化强国。党的十九届五中全会历史性地把"统筹发展和安全"纳入经济社会发展五年规划的指导思想，历史性地把"办好发展安全两件大事""实现更为安全的发展"明确为"十四五"时期经济社会发展必须遵循的重要原则，历史性地在建议稿中用专章对"统筹发展和安全"作出重大战略部署。在实现新两步走战略的过程中，保障能源安全是关系着百年目标能否实现的重大基础性工程，承载着支持经济增长、实现生态文明、提高人民福祉的重要任务。支撑实现中华民族伟大复兴中国梦，必须坚定贯彻实施"四个革命、一个合作"能源战略：一是推动能源消费革命，抑制不合理能源消费。坚决控制能源消费总量，有效落实节能优先方针，把节能贯穿于经济社会发展全过程和各领域，坚定调整产业结构，高度重视城镇化节能，树立勤俭节约的消费观，加快形成能源节约型社会。二是推动能源供给革命，建立多元供应体系。立足国内多元供应保安全，大力推进煤炭清洁高效利用，着力发展非煤能源，形成煤、油、气、核、新能源、可再生能源多轮驱动的能源供应体系，同步加强能源输配网络和储备设施建设。三是推动能源技术革命，带动产业升级。立足我国国情，紧跟国际能源技术革命新趋势，以绿色低碳为方向，分类推动技术创新、产业创新、商业模式创新，并同其他领域高新技术紧密结合，把能源技术及其关联产业培育成带动我国产业升级的新增长点。四是推动能源体制革命，打通能源发展快车道。坚定不移推进改革，还原能源商品属性，构建有效竞争的市场结构和市场体系，形成主要由市场决定能源价格的机制，转变政府对能源的监管方式，建立健全能源法治体系。五是全方位加强国际合作，实现开放条件下能源安全。在主要立足国内的前提条件下，在能源生产和消费革命所涉及的各个方面加强国际合作，有效利用国际资源。

在此背景下，本书从能源安全理论及其评价体系入手，研究"十四五"及中长期我国能源消费总量、结构等态势，根据能源安全评估研究我国能源高质量发展面临的风险挑战，最后提出"十四五"及中长期保障国家能源安全的高质量发展路径选择，为实现"十四五"规划和二〇三五年远景目标提供能源安全保障。

1.1.2 研究意义

能源安全是关系国家经济社会发展的全局性、战略性问题，对国家繁荣发展、人民生活改善、社会长治久安至关重要。党中央、国务院高度重视能源问题，始终把能源工作放在突出位置，明确提出"四个革命、一个合作"的能源安全战略，有力推动了能源高质量发展，保障了国民经济和社会发展的需要。2014 年 4 月，习近平总书记在主持召开中央国家安全委员会第一次会议时提出，坚持总体国家安全观，走出一条中国特色国家安全道路。能源安全是总体国家安全观的重要内容之一，近年来能源行业深入学习贯彻能源安全新战略，大力推进能源生产消费革命，全面推进供给侧结构性改革，不断深化能源体制机制改革，清洁低碳、安全高效的能源体系日渐成熟完善，能源对经济社会发展的服务保障愈加精准有力。党的十九大报告提出，坚持总体国家安全观。统筹发展和安全，增强忧患意识，做到居安思危，是我们党治国理政的一个重大原则；党的十九届五中全会通过的《中共中央关于制定国民经济和社会发展第十四个五年规划和二〇三五年远景目标的建议》亦提出，要坚持总体国家安全观，实施国家安全战略，维护和塑造国家安全，统筹传统安全和非传统安全，把安全发展贯穿国家发展各领域和全过程，防范和化解影响我国现代化进程的各种风险，筑牢国家安全屏障。2020 年 9 月 22 日，习近平主席在第七十五届联合国大会一般性辩论上的讲话中指出，"中国将提高国家自主贡献力度，采取更加有力的政策和措施，二氧化碳排放力争于 2030 年前达到峰值，努力争取 2060 年前实现碳中和"。2021 年 3 月 15 日，中央财经委员会第九次会议指出，"十四五"是碳达峰的关键期、窗口期，要构建清洁低碳安全高效的能源体系，控制化石能源总量，着力提高利用效能，实施可再生能源替代行动，深化电力体制改革，构建以新能源为主体的新型电力系统。这是以习近平同志为核心的党中央根据我国新发展阶段、新历史任务、新环境条件作出的重大战略决策，为做好能源高质量安全发展进一步指明了方向。

展望"十四五"及中长期，我国发展仍然处于重要战略机遇期，但机遇和挑战都有新的发展变化。当今世界正经历百年未有之大变局，国际环境日趋复杂，不稳定性不确定性明显增加。我国已转向高质量发展阶段，《中共中央关于制定国民经济和社会发展第十四个五年规划和二〇三五年远景目标的建议》明确提出，"十四五"时期将坚定不移贯彻新发展理念、推动高质量发展、构建新发展格局，实现经济发展取得新成效、改革开放迈出新步伐、社会文明程度得到新提高、生态文明建设实现新进步、民生福祉达到新水平、国家治理效能得到新提升，到二〇三五年基本实现社会主义现代化远景目标。能源是国民经济和社会发展的基础性要素，"统筹发展与安全"更加强调能源在总体国家安全观中的保障作用，能源高质量发展势在必行。"十四五"时期是我国能源转型变革和碳达峰的关键期、窗口期，能源需求发生新变化，高质量发展要求更加突出；能源安全面临新挑战，新旧风险交织并存；绿色转型出现新形势，未来任务更加艰巨；创新发展进入新阶段，科技和体制创新重要性更加凸显；2026～2035 年是我国如期实现 2030 年前碳达峰和 2060 年前碳中和目标的重要期、攻关期，也是构建清洁低碳、安全高效的能源体系的加速期，对能源高质量发展提出了新的要求。当前我国能源安全仍然面临严峻挑战，能源发展不平衡不充分问题较为突出，在统筹发展与安全的大背景下开展能源高质量发展趋势研究，为顺利实现"十四五"时期经济社会发展主要目标、2035 年基本实现社会主义现代化、本世纪中叶全面建成社会主义现代化强国等目标提供坚强的能源安全保障，具有重大的理论意义和现实意义。

1.2　研究内容及研究方法

1.2.1　研究内容

本书在梳理现有国内外能源安全内涵及评价指标体系、能源高质量发展路径、能源供需预测等相关文献的基础上，首先基于能源安全理论，从能源可用性、可获性、可持续性和技术发展等四个维度构建能源安全评价体系，并开展能源安全评估。其次，以能源—经济的投入产出关联理论、自下而上的部门分析法和全局优化思路为遵循，构建经济—能源—环境预测与政策仿真模型系统。再次，充分考虑碳达峰、碳中和目标为构建清洁低碳、安全高效的能源体系提出的明确时间表要求，运用经济—能源—环境预测与政策仿真模型系统，从系统的角度开展"十四五"时期我国能源发展预测及 2035 年展望，同时基于成本公平性原则的差异化碳税政策视角，设计美欧日发达经济体单方面征收碳关税、中国应对全球碳关税变局等情景，运用 GTAP-E 模型定量分析全球碳关税变局对中国经济的影响。最后，在全面分析"十四五"及中长期我国能源高质量发展可能面临的风险挑战的基础上，提出相应的路径选择。

全书共分为 6 章，具体的内容及逻辑结构说明安排如下：

第 1 章是绪论。主要阐述本书的研究背景和意义、研究内容及研究方法以及本书的创新之处。

第 2 章是中国能源安全评价指标体系构建及评估。能源安全的内涵在不同历史时期不尽相同，20 世纪 60 年代以前，世界各国以国内能源供应为能源安全的基本内涵，全球化的推进使得国际可获得性和价格稳定性被纳入能源安全的基本内涵。随着全球应对气候变化以及各国环保意识的增强，能源的环境影响也逐渐受到关注。本章一方面基于能源安全理论，从能源可用性、能源可获性、能源可持续性和能源技术发展四个维度构建评价体系；另一方面基于国家能源安全面临挑战的定性分析，结合"十四五"及中长期国民经济和社会发展以及能源发展等相关研究基础，从能源可用性、能源可获性、能源可持续性和能源技术发展等四个维度，对"十四五"及中长期我国石油、天然气等分品种能源安全进行评估。

第 3 章是经济—能源—环境预测与政策仿真模型系统构建。以能源—经济的投入产出关联理论、自下而上的部门分析法和全局优化思路为遵循，构建经济—能源—环境预测与政策仿真模型系统是开展"十四五"时期我国能源发展预测及 2035 年展望的关键。本章构建的经济—能源—环境预测与政策仿真模型系统主要包括中长期社会发展与经济展望子系统、建筑耗能与污染物排放子系统、交通运输耗能与污染物排放子系统、化工业主要产品走势及耗能预测子系统、钢铁及建材耗能预测子系统、电力需求子系统、煤炭供需子系统、石油供需子系统、天然气供需子系统、电力、热力供应子系统、终端能源需求核算子系统、一次能源需求与污染物排放核算子系统等。

第 4 章是"十四五"时期我国能源发展预测及 2035 年展望。党的十九大综合分析国际国内形势和中国发展条件，将 2020 年到本世纪中叶三十年时间分两个阶段进行战略安排：第一个阶段，从 2020 年到

2035 年，在全面建成小康社会的基础上，再奋斗十五年，基本实现社会主义现代化；第二个阶段，从 2035 年到本世纪中叶，在基本实现现代化的基础上，再奋斗十五年，把中国建成富强民主文明和谐美丽的社会主义现代化强国。报告同时勾画了新时代我国生态文明建设的宏伟蓝图和实现美丽中国的战略路径，到 2035 年，我国生态环境根本好转，美丽中国目标基本实现，到本世纪中叶，生态文明得到全面提升。本章以力争 2030 年前实现碳达峰，2060 年前实现碳中和为目标，着眼保障能源安全和应对气候变化两大目标任务，开展"十四五"时期能源发展预测与形势研判，并展望到 2035 年，为我国能源高质量发展宏观战略与路线图制定提供重要参考依据。

第 5 章是"双碳"目标下全球碳关税变局对中国经济的影响模拟。2021 年以来，西方发达经济体碳关税立法议程明显提速，酝酿推动构建全球碳关税联盟，碳关税即将迎来从概念层面转向实践层面的实质性变局，大概率会成为全球贸易保护主义新的政策工具，将会对中国等发展中经济体经济发展带来冲击。本章利用 GTAP-E 模型，通过设置美欧日发达经济体对国内征收碳税、对国内征收碳税并对中国征收碳关税、中国对内主动征收同等标准碳税、中国对内主动征收差异化碳税四种政策情景，分析不同减排政策下各经济体的宏观经济、居民福利和碳排放政策影响。

第 6 章是能源安全视角下中国能源高质量发展路径选择。能源行业作为国民经济发展的基础产业，"十四五"及中长期亟须统筹处理好能源安全与能源发展的关系。本章基于"十四五"及中长期我国能源高质量发展可能面临的风险挑战，提出相应的能源高质量发展路径，为到二〇三五年基本实现社会主义现代化，到本世纪中叶把我国建成富强民主文明和谐美丽的社会主义现代化强国提供坚实能源安全保障，为如期实现 2030 年前碳达峰、2060 年前碳中和的目标作出能源贡献。

综上所述，可以得到图1－1所示的研究基本结构框架图。

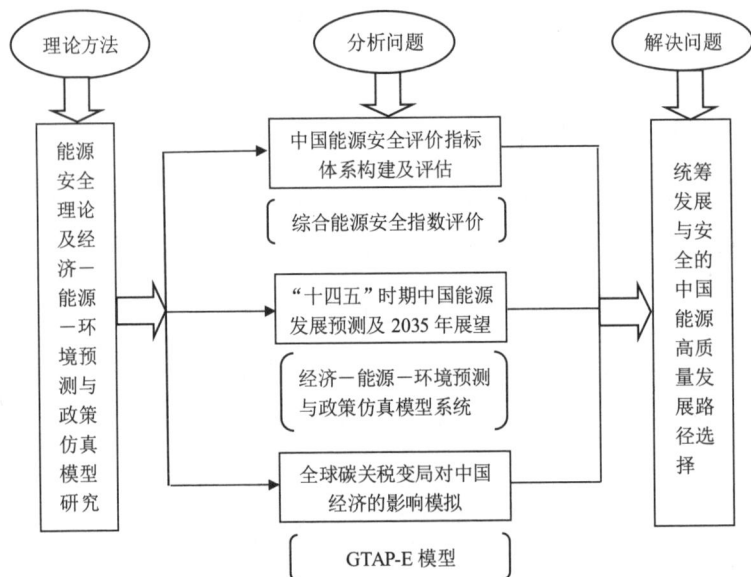

图1－1　研究基本结构框架图

1.2.2　研究方法

本书的研究内容涉及经济安全、能源安全、宏观经济、能源经济、统计学、数量经济模型、可计算一般均衡模型等多个学科，主要通过能源安全评价指标体系、经济—能源—环境预测与政策仿真模型系统对我国能源安全进行全方位评估，对"十四五"时期我国能源发展进行预测及2035年展望，就全球碳关税变局对中国经济的影响进行模拟，具体方法主要有能源安全评价、经济—能源—环境预测与政策仿真、全球贸易分析能源拓展（GTAP-E）模型、情景分析等方法。

（1）能源安全评价方法

为了对能源安全状况进行科学评价，国内外学者尝试运用了不同的方法进行实证分析，其中主要包括因子分析法、层次分析法、生态足迹分析法、专家调查法、熵值法等，而每种评价方法各有侧重、均有利弊。本书结合分析各评价方法的侧重点、优缺点以及能源安全评价问题的具体特征，选取因子分析＋三西格玛方法来综合评价中国的能源安全状况。即运用因子分析法确定指标客观权重，用统计误差理论的三西格玛法则划分能源安全状态，从而克服能源安全等级的划分上过于主观，缺少评价的客观性。

（2）经济—能源—环境预测与政策仿真法

采用国家信息中心改进开发的经济—能源—环境预测与政策仿真模型系统，预测"十四五"及中长期我国能源消费总量，分品种能源消费量和能源消耗强度，综合运用自上向下及自下向上的能源预测模型构建的能源系统进行模拟。该模型系统核心是以一般均衡理论为核心解析经济—能源—环境各变量间的相互关系。一是利用生产函数概念，根据人口走势、资本存量的增长和技术进步的走势测算我国未来宏观经济的潜在增长水平。二是将宏观经济潜在增长率预测结果输入国家信息中心可计算一般均衡（SICGE）模型，按照各种产品、要素市场供需平衡的原则，对未来的需求结构、产业结构、就业增长、收入水平开展平衡测算。三是根据各行业生产情况，测算能源消费和污染物排放。利用国家信息中心改进开发的经济—能源—环境预测与政策仿真模型系统，测算每一种宏观经济增长情景下相应的能源消耗情况。

（3）全球贸易分析能源拓展（GTAP-E）模型

全球可计算一般均衡政策仿真分系统是基于一般均衡理论建立的包含全球 140 个国家和地区的动态模拟系统。可计算一般均衡模型（CGE，Computable General Equilibrium）以一般均衡理论为框架，以投入产出表与国民核算账户为基础，模型中的价格与数量皆为内生变量，透过内生变量之间的调整求解可作政策模拟。依据不同假设可应用于多种适合 CGE 模型分析之领域，其特色除了包含新古典个体基础（Micro Foundation）之外，并纳入总体经济行为假设，此为基础设计的

CGE 模型呈现的整体经济的行为，因此可以同时观察个体经济与总体经济因政策变化冲击的程度与方向。全球贸易分析能源拓展（GTAP-E）模型广泛应用于 CO_2 减排研究，本书通过设置美欧日发达经济体对国内征收碳税、对国内征收碳税并对中国征收碳关税、中国对内主动征收同等标准碳税、中国对内主动征收差异化碳税四种政策情景，就全球碳关税变局与中国的政策选择开展定量测算。

（4）情景分析法

经济增速是影响能源需求增长的重要因素。资本、劳动力和全要素生产率三大因素的变化情况，直接决定了我国经济增速以及增长特征。分析"十四五"及中长期我国资本、劳动力和全要素生产率三大因素的发展趋势，根据柯布-道格拉斯（C-D）生产函数，测算"十四五"及中长期我国宏观经济潜在增长率，并将其划分为较慢情景、基准情景和较快情景三种情景。在不同情景下，综合考虑我国经济发展、人口变化、环境保护等因素，采用经济—能源—环境预测与政策仿真模型系统分情景预测我国能源需求量。

1.3　本书的创新之处

党的十九大报告提出要坚持总体国家安全观，要统筹发展和安全，党的十九届五中全会通过的《中共中央关于制定国民经济和社会发展第十四个五年规划和二〇三五年远景目标的建议》进一步强调要把安全发展贯穿国家发展各领域和全过程，能源作为国民经济和社会发展的基础性要素，其高水平安全是经济高质量发展的前提，其高质量发展是经济高水平安全的保障，新形势下亟须开展统筹发展与安全的中国能源高质量发展趋势研究。本书从能源安全理论及其评价体系入手，构建经济—能源—环境预测与政策仿真模型系统，研究"十四五"及中长期我国能源消费总量、结构等态势，运用全球贸易分析能源拓展模型（GTAP-E）就全球碳关税变局与中国的政策选择开展定量模拟，根据能源安全评估研究我国能源高质量发展面临的风险挑战，并有针对性提出"十四五"及中长期我国能源高质量发展路径。主要有以下创新：

（1）研究视角创新，将能源发展置于经济社会发展背景下研究。能源是国民经济和社会发展的基础性要素，经济、能源与环境的协调发展，是实现中国现代化目标的重要前提。当前，世界政治、经济格局深刻调整，能源供需格局深刻变化，中国能源转型发展面临难得的机遇与挑战。从现在到 2050 年，中国经济社会发展将经历两个阶段：从 2020 年到 2035 年，在全面建成小康社会的基础上，再奋斗十五年，基本实现社会主义现代化；从 2035 年到本世纪中叶，在基本实现现代化的基础上，再奋斗十五年，把我国建成富强民主文明和谐美丽的社会主义现代化强国。同时，中国应对气候变化也将经历两个阶段：2030 年前碳排放达峰，2030 年非化石能源占一次能源消费比重达到 25% 左右，风能、风电、太阳能，总装机达到 12 亿千瓦以上；2030 年碳排放达峰后稳中有降，努力争取在 2060 年前实现碳中和，来自国际碳减排的压力得到根本性缓解。在经济与环境约束日益强化的背景下，本书将中国"十四五"及中长期能源发展放在我国经济社会发展大背景进行研究，按照"通过经济看能源"的思路，同时遵循"绿色低碳"基本发展原则，准确把握国际能源形势发展的新动向与新变化，分析研判中国中长期能源发展面临的形势与挑战，科学预测中国中长期能源需求，为实现能源供需平衡精准匹配，研究提出能源高质量发展路径选择提供科学依据。

（2）安全评估创新，构建能源安全评价指标体系进行全面评估。能源安全是一个由能源禀赋、供给、经济、社会、环境与技术等子系统构成的复杂动态系统。运用系统科学和可持续发展理论，从"经济安全、国防安全、环境安全与代际资源安全"出发，科学界定能源安全的内涵。能源安全是指一个国家或地区可以获取稳定、足量、经济、清洁的能源供给,以满足需求,保障经济社会稳健运行和持续、协调发展的能力和状态。本书基于能源安全理论,从能源可用性、能源可获性、能源可持续性和能源技术发展四个维度,构建能源安全评价指标体系,并对"十四五"及中长期我国石油、天然气等分品种能源安全进行评估,为科学识别能源风险提供有力支撑。

(3)模型方法创新,充分发挥国家信息中心数量模型方法优势。国家信息中心经济预测部长期致力于中长期经济、能源、碳排放数量模型和政策仿真研究,具有较强的模型研发能力与经验,开发和运行着中国年度计量经济预测模型、国家大规模动态可计算一般均衡模型、全球动态可计算一般均衡模型、中国区域间投入产出模型、中国多区域动态可计算一般均衡模型,中长期能源—经济—环境展望分析模型等。影响能源需求的因素错综复杂,其中主要的影响因素有经济增长、产业结构、人口规模、城镇化水平、技术进步、清洁能源发展等,科学系统分析主要影响因素中长期变化趋势是预测未来能源需求的关键。本书充分发挥国家信息中心数量模型方法优势,以能源—经济的投入产出关联理论、自下而上的部门分析法和全局优化思路为遵循,结合中国年度计量经济预测模型、国家大规模动态可计算一般均衡模型、中长期能源—经济—环境展望分析模型等模型的优势,改进开发了经济—能源—环境预测与政策仿真模型,运用经济—能源—环境预测与政策仿真模型科学测算出"十四五"及中长期我国能源消费总量、结构和能源消耗强度,对 2035 年能源发展趋势进行展望,并基于成本公平性原则的差异化碳税政策视角,设计美欧日发达经济体对国内征收碳税、美欧日发达经济体对国内征收碳税并对中国征收碳关税、美欧日发达经济体与中国同等征收碳税以及美欧日发达经济体与中国差异化征收碳税等情景,运用 GTAP-E 模型定量分析中国主动应对西方碳关税威胁可行的政策路径,为本书研究提供量化支撑。

第 2 章　中国能源安全评价指标
体系构建及评估

能源是国民经济的命脉，能源安全直接影响国家安全、可持续发展以及社会稳定。随着工业化和城市化进程的不断推进，我国能源消费总量已跃居世界第一位。伴随经济增长有日益扩大之趋势，能源对经济社会发展的瓶颈制约日益显现。因此，如何构建一套科学合理的评价指标体系，探究我国能源安全水平和变化趋势，对于推进我国经济社会可持续发展，维护国家安全具有重要的意义。

2.1　能源安全国内外研究现状

不同时期，对于能源安全的定义不尽相同。20 世纪 60 年代以前，世界各国以国内能源供应为能源安全的基本内涵。全球化的推进使得国际可获得性和价格稳定性被纳入能源安全的基本内涵。随着国际气候变化以及各国环保意识的增强，能源的环境影响也逐渐受到学术界的关注。

2.1.1　国内外能源安全基本观点

20 世纪 60 和 70 年代爆发的两次石油危机，使得能源安全问题，特别是石油安全问题成为世界各国关注的焦点，能源安全的内涵也得到了相应拓展。国际能源署（1974）正式提出了以稳定原油供应和价格为中心的能源安全理念，认为能源供应安全包括两层含义，一是持续的、不能出现严重短缺的供应，二是未出现持续的难以承受的高能源价格。石油输出国组织（OPEC）认为，能源安全具有全球性，涉及供应链的所有环节，要考虑到可预见的将来，需要国际合作和对话机制，同时能源开发要具有可持续性，即能源开发利用不能以危害环境为代价。OPEC 的能源安全更加强调的是能源供应的持续性，同时还兼顾了能源对环境的影响。世界经济论坛（2006）认为，能源安全涵盖能源、经济增长和政治力量等因素，传统的能源安全包括能源供应、需求、地缘政治和市场结构四个因素。能源安全取决于在全球价值链中所处位置，能源消费国看重合理价格，担心供应中断；能源生产国的能源安全是收入和需求的安全；能源公司的能源安全是获得新资源的途径、开发新设施的能力以及稳定的投资安全；政策制定者注重能源中断的风险以及能源基础设施安全，包括能源储量、战略储备等。世界资源研究所（2009）和国际战略研究中心（2009）认为，能源安全为充足、可靠且价格合理的能源供应。保障能源安全，需要采取综合性措施，包括提高能效，更多使用国内生产的能源，在向减少化石能源比例的目标过渡时期增加国内能源供应量，保证能源生产、运送或供应不受地缘政治的干扰，保证建设和维护能源基础设施，解决能源市场波动带来的不确定性等。

除了上述国际机构，还有很多国外著名学者对能源安全也进行了大量研究。Yergins（1988）提出能源安全的重点在于能源价格，认为能源安全就是保障价格合理的能源能够持续可靠地供应，将能源价格纳入能源安全的基本内涵之中。Bielecki（2002）认为，能源安全为同时保证可承受的能源价格以及持续稳定的能源供应的状态。Jun（2009）提出保障能源安全的目的是满足经济发展的需要，能源安全的内涵是能够以合理的价格不间断地获取充足的能源。约瑟夫·罗姆（2010）认为，能源安全是国家安全的重要组成部分，其关键的是其供应的脆弱性，出现能源供应危机时，需要付出昂贵的经济和社会代价。同时，能源安全另一个问题是对环境的影响，化石能源的燃烧是全球变暖的主要原因，而环境恶化也是对国家安全的威胁之一。Ahmad 等（2011）认为，能源安全是在相当长的一段时期内，能源服务需求被可靠地得到满足的能力，其注重的是能源供给持续与安全，即能源供给安全。一旦出现能源供给中断，就对其安全构成了威胁。Vivoda（2012）认为，能源安全应该包括能源价格可承受，能源供应充足，以及能源的使用不会带来不可逆的和不可接受的影响，其不仅考虑了能源供给连续性和价格可承受性，同时还涉及了环境效益和可持续发展。Ang 等（2015）认为，能源安全可以从长短期来看，长期能源安全主要关注能源资源可持续性、基础设施完备性以及能源使用对生态环境影响等；短期能源安全更加强调的是能源资源可获性、能源供给保障性和能源价格可接受性等。

国内对能源安全的研究起步较晚，但随着国内外能源安全形势的不断变化和发展，相应的研究也在不断完善和丰富。国务院发展研究中心（2004）认为，能源安全为保障数量和价格上能满足经济社会持续发展需要的能源供应，主要体现在能源供应暂时突然中断或短缺、价格暴涨带来经济社会的损害，其损害程度主要取决于经济对能源的依赖程度、价格波动的幅度以及应变能力（包括替代能源、战略储备等）。中国科学院国情研究小组（2001）提出，能源安全就是可以稳定、持续、及时、足量、经济地获取能源供给，以保障人类社会生存与发展的需要。国土资源部咨询研究中心（2007）认为，能源安全是一个国家或地区可以获取稳定、总量、经济、清洁的能源供给，以满足需求，保障经济社会稳健运行和持续、协调发展的能力和状态，其中清洁能源供给就是能源安全的环境要求。

此外，张雷（2001）认为，能源安全由能源供应的稳定性和能源使用的安全性两部分组成，其中能源供应的稳定性是指满足生存与发展正常需求的能源供应保障的稳定程度，主要是数量的概念；能源使用的安全性是指能源消费及使用不应对人类自身的生存与发展环境构成任何威胁，主要是质量的概念。吕致文（2005）认为，能源安全主要指一国拥有主权或实际可控制、实际可获得的能源资源，从数量上和质量上能够保障该国经济在一定时间内的需要和参与国际竞争的需要以及可持续发展的需要。韩文科（2010）认为，能源安全应为合理的能源需求，持续和多样化的能源供应能力，以保障能源供应；经济和社会负担得起的能源价格和生态成本。张艳（2011）认为，能源安全是指在特定的时间范围以及技术经济条件下，能源供应可以保证稳定、清洁、高效地满足能源需要的状态，其中能源需要包括经济增长和居民基本生活需要，并且具有环境友好性。魏一鸣等（2012）指出，能源安全是指可靠、可负担且可持续的能源供给以满足国家经济发展的需要，同时能源的开发和使用过程中不会对生态环境造成危害。杜祥琬（2014）提出，我国传统的"以煤为主自给，以引进油、气为重心"的能源安全战略，已经不足以解决我国的能源安全问题。李雪慧、史丹（2016）指出，由于国内外能源形势的变化，使得我国以保障能源供应安全为核心的传统能源安全观需要向综合能源安全观转变，能源安全的重心也应由保供应、稳价格转向实现能源转型方面。程蕾（2018）认为，新时代能源安全内涵主要包括可获取性、可支付性、可高效清洁利用性和政府能源治理能力4个方面。

2.1.2 国内外能源安全评估方法

国内外能源安全研究方法大多是基于能源安全多样性指数。主要包括 Shannon-Wiener 指数（SWI）与 Herfindahl-Hirschman 指数（HHI）。其中，以英国能源供应安全联合研究小组（JESS）、荷兰能源研究中心

（ECN）、国际能源署（IEA）以及亚太能源研究中心（APERC）所开发的能源安全模型较具有代表性。近年来，国外学者不断推出一些新的方法来研究能源安全。如 Benjamin K. Sovacool，Ishani Mukherjee（2011）采用一种综合方法来研究国家能源安全政策和绩效，他们将能源的可获得性、可支付性、技术发展、可持续性、控制等 5 个纬度分成 20 个组成部分，设计了 320 个简单指标和 50 个复杂指标来分析、测量、追踪和比较国家能源安全的绩效。国内学者中，李雪慧、史丹（2017）采用"PSR 模型"对 2000—2015 年我国能源安全状况进行了总体评价，结果表明，我国能源安全状况总体趋势向好，但短期风险加大，能源相关的环境安全取代了能源供应安全，成为当前影响我国能源安全的主要问题。刘强、姜可隽等（2007）综合考虑中国能源供应与消费对能源安全的影响因素，构建出中国能源安全的预警指标框架体系，其中涉及煤炭、石油天然气、电力和能源综合评价四个子系统；各系统由供需状态、运输通道、突变影响、经济安全和生态环境五个要素构成。张强（2011）则把开放复杂巨系统与能源安全问题相结合，构建出中国能源安全预警系统。吴初国等（2011）则采用加权综合模型，搭建能够量化"能源安全度"指数的"综合指数-基本指标-要素指标"三层框模型，最终的取值范围在 0～1 之间，数值越高则安全越高。刘立涛等（2012）采用近 20 年能源经济数据，从能源供应稳定性与使用安全性两个方面构建中国能源安全评价模型，借助因子分析、ArcGIS 空间分析技术、情景分析方法，对中国能源安全时空演进特征展开了研究。陈兆荣等（2012）在 DPSIR 框架内，以能源安全驱动力、能源安全压力、能源安全状态、能源安全影响和能源安全政策响应等因素构建能源安全评价指标体系。并在此基础上，确定能源安全的经典域，节域和待判物元，建立能源安全熵权可拓物元评价模型。胡剑波等（2016）基于 PSR 模型，从压力、状态、响应等三个方面构建 9 个指标来评价中国的能源安全状况。郭伟等（2013）从能源、环境和经济协调发展的角度构建我国能源安全评价指标体系、采用因子分析法确定指标权重，三西格玛法则划分指标状态并赋值，用加权求出的综合评价值评价能源安全形势。张艳等（2014）在明晰广东省能源安全现状的基础上，利用 DPSIR 评价方法，分别从驱动力、压力、状态、影响和响应五个方面构建评价指标集和能源安全综合评价模型，对广东省 1998—2008 年的能源安全进行定量评价。李根等（2016）基于新常态和 WSR 系统方法论，建立能源安全评价指标体系，强化人理因素的重要作用，采用 DEMATEL 法修正各级指标的初始权重，提升各层次评价指标间的独立性，并以上海市为例，运用改进 AHP-FCE 法实证评价了上海市能源安全状况。詹长根等（2017）结合广西壮族自治区的能源状况，从能源资源保障能力、能源生产供应能力、能源市场获取能力、能源应急调控能力和环境安全控制能力 5 个方面、运用熵值法对研究区域能源安全进行了综合评价。王双燕等（2011）从经济能源安全、社会能源安全、环境能源安全、能源供给安全四个方面考虑，建立了河南省能源安全评价指标体系，并利用主成分分析方法对河南省 2005—2010 年的能源系统安全状况进行了分析。李云鹤等（2020）提出了一种全面综合的方法和一个定量模型框架以量化我国天然气能源安全，基于天然气资源可获得能力、技术可利用能力、环境可承载能力以及国民可负担能力四个维度、构建了我国天然气的能源安全评价模型、并根据 4-As 雷达图、分析 2005—2018 年我国天然气安全变化度的总体趋势。李冰川（2018）以我国东南沿海两个经济发达省份广东和福建为样本，采用动态性评价方法对这两个省份的能源安全状况进行了综合评价。万佳佳（2018）建立了反映中国能源供应安全、能源消费安全以及能源环境安全三个维度的 14 项能源安全的指标体系，具体包括中国能源产量占比、石油对外依存度、能源自给率、人均能源消费量、石油价格波动率、能源强度、外汇储备、二氧化碳排放量等。依托三西格玛法则划分能源安全等级，利用因子分析法确定各项指标权重，对中国 1995—2016 年的能源安全状况进行量化分析。

当前仍然存在进一步深入研究能源安全问题的必要性和迫切性。相比之下，我国作为世界第一能源消费大国，仍然缺乏权威的具有世界影响力的定量化能源研究成果。首先，在能源安全内涵的研究中，没能很好地把能源安全与社会经济发展的不同阶段结合起来进行分析，归纳提炼出每个阶段的能源安全特征，没有体现阶段性特征和层次结构；其次，对能源安全战略框架的研究缺乏路线图和最优路径选择的比选分析；第三，定性分析多，比较缺乏对能源安全评估的定量分析。

本书认为能源安全应该是能够以合理的价格获取稳定、足量、清洁的能源供给，以满足需求，并且不会对环境造成负面影响，进而保障经济社会稳健运行和持续、协调发展的能力和状态。能源安全主要包含四个方面：一是能源的来源稳定可靠，保障能源供应的持续性；二是能源数量和质量双优，能源数量既要满足经济发展的需要，同时能源开放利用具有高效；三是能源的经济性，能源的获取成本合理，确保以可接受的成本享有充足的能源供给；四是能源消费及使用不以牺牲环境为代价，对人类自身的生存与发展环境构成任何威胁。

2.2 中国能源安全评价指标体系构建

2.2.1 评价指标体系构建原则

能源安全作为一个复杂的系统，其评价指标体系的构建不是任意相关指标的随意和简单组合。因此，为了构建一套结构合理、逻辑严密、系统全面的评价指标体系，在设计能源安全评价指标体系时必须遵循以下基本原则。

（1）目的性原则

目的性原则是构建评价指标体系的根本点和出发点，是衡量评价指标体系是否合理有效的一个重要标准。评价指标体系应能够对评价对象（能源安全）进行客观描述，能够支撑最高目标层的评价标准，为评价结果的判定提供依据。设计能源安全评价指标体系的目的在于，根据能源安全的综合评价结果，及时发现能源安全风险隐患。因此，指标体系的构建必须紧紧围绕上述评价的总体目的，结合行业的具体情况，选取那些与总体目的紧密相关的指标，剔除那些与目的无关或是关系不明确的指标。

（2）科学性原则

科学性原则是指标体系建立的重要原则，主要体现了理论与实践相结合，具体包括评价指标内涵的正确性、评价指标体系的完备性、评价过程的逻辑性、评价方法的科学性等方面。科学性原则要求所选取的评价指标应能够体现能源安全的实质含义，力求系统、综合、全面，尽量从不同的侧面反映出能源安全的真实情况，这样做出的评价才具有科学性和客观性。也就是说，评价指标体系中的每一个指标，无论是质的规定，还是量的规定，都必须经过反复的研究、筛选和修改，在理论上要有一定的科学理论依据，在实践上要可行而有效。因此，一方面选取的评价指标要能反映能源安全的特征；另一方面选取的评价指标的口径范围、含义、计算方法、时间和空间范围等方面都必须具有明确、独立的界定，不能同一指标出现多种不同的解释，让人产生误解或造成歧义，从而导致评价结果的差异。

（3）系统性原则

能源安全本身是一个复杂的系统，它是由若干个相互联系和相互作用的子系统构成，涉及能源可用性、能源可获得性、能源可持续性、能源技术发展等子系统。因此，为了系统深入地反映能源安全的特征，一方面要求评价指标体系从多方位、多角度地反映能源安全整个系统，而不能仅仅反映其中的某一子系统；另一方面由于系统之间具有一定的层次性和关联性，在指标设计时要从最高系统层出发，逐层建立相对完整的评价指标体系，并反映出各层和各类指标之间的相互关联性。系统性原则是指构建的评价指标应客观和全面地反映能源安全系统中各子系统内部及子系统之间的相互协调性，总体上构成指标体系的各项指标应具备一定的系统性、完整性和统一性，涵盖影响能源安全的各个方面。

（4）全面性和精简型相结合原则

全面性要求所构建的能源安全指标体系涉及多个方面，其评价指标覆盖面广，内容丰富，能够全面并综合地反映能源安全的状态和变化趋势。但由于评价指标体系的设计是一项巨大的工程，相关指标如果选取的越多，数据收集的工作量和花费的成本也就相应的越大。因此，在构建能源安全评价指标体系时，除了考虑指标体系具有全面性外，还要尽量保证其具有精简性。也就是说，在满足目的性、科学性、系统性等基本评价原则的基础上，要尽量删除重复或冗余的指标，对于意义相似的多个指标应选择其中的少数几个代表性指标来反映其评价内容，以期减少评价指标个数，降低成本提高效益。

（5）可操作性原则

任何评价指标体系的构建，首先考虑的应该是具有可操作性原则。如果构建的评价指标体系不能应用于实际操作，那么该指标体系也是没有任何意义的。因此，在设计指标体系时，除了遵循全面性、系统性等原则的基础上，应使所选取的指标内容简明扼要、意义明确，尽可能具有可操作性。具体来说，一是选取指标要容易量化，便于选择统计方法或数学模型对其进行量化分析；二是资料来源要具有可获取性，有平稳的数据来源，即指标要便于在公开资料（如，官方公布的统计年鉴，统计公报、统计报表等）中获取到相关的数据，对于无法从公开数据中获取到的，应尽可能通过问卷调查方式得到相关的数据。如果指标的数据来源渠道不通畅，不能获得充足的相关数据，不管其评价指标设计得有多好，也是不具有现实可行性的；三是所构建的指标体系力求达到定义明确、方法简洁、表达方式易懂、结构体系合理、数量繁简适当等，便于评价人员理解、实际应用和推广。

2.2.2 评价指标体系构成

基于能源安全的基本内涵以及相关文献理论，按照目的性原则、科学性原则、系统性原则、全面性和精简性相结合原则、可操作性原则等，综合考虑影响能源安全的诸多因素以及"四个革命，一个合作"能源安全新战略等，构建出由能源可用性、能源可获性、能源可持续性、能源技术发展四维度组成的 16 项能源安全评价指标体系。

表 2-1 中国能源安全评价指标体系

目标层	准则层	指标层	指标属性
能源安全	能源可用性	储量占世界总储量比重	正指标
		储采比	正指标
		人均能源储量	正指标
	能源可获性	能源产量占世界总产量比重	正指标
		国内生产集中度	正指标
		能源自给率	正指标
		能源价格波动率	负指标
		能源进口量占世界总贸易量比重	负指标
		能源进口集中度	负指标
	能源可持续性	经济实力	正指标
		碳排放强度	负指标
		环境污染治理投资率	正指标
		能源消费强度	负指标
	能源技术发展	地质研究程度	正指标
		能源替代率	正指标
		能源加工转换效率	正指标

能源可用性主要反映的是能源资源禀赋，是能源安全系统的基础和支撑，对能源安全具有关键性的作用和影响。能源可用性体现了能源安全的"数量维"，衡量指标包括储量占世界总储量比重、储采比、人均能源储量等。①能源储量占世界总储量的比重：国内能源的可采储量与世界能源的可采储量比值，反映国内资源富集程度，属于正指标。②能源储采比：国内探明的能源的可采储量与当年能源采出量比值，反映国内能源在外界中断下的可供开采时间，属于正指标。③人均能源储量：国内能源储量与人口总数比值，反映人均占有的能源资源量，属于正指标。人均能源储备量越多，能源供给量越多，能源安全水平越高。

能源可获性主要反映的是国内外市场获取所需能源的能力，为能源安全获取能源提供渠道，特别是在全球一体化背景下，能源可获性对能源安全作用越来越重要。能源可获性体现了能源安全的"空间维"，衡量指标包括能源产量占世界总产量比重、能源生产集中度、能源自给率、能源价格波动率、能源进口量占世界总贸易量比重、能源进口集中度等。①能源产量占世界总产量比重：国内能源生产量与世界能源总产量比值，反映能源的国内生产供给能力，属于正指标。②能源生产集中度：国内前 5 位企业能源生产量与国内能源生产总量比值，反映能源生产供应的稳定程度，属于正指标。③能源自给率：能源进口量、能源出口量的差值（能源净进口量）与能源消费总量比值，反映能源消费中来自国外市场的份额，即能源的自我保障能力，属于负指标。④能源价格波动率：报告期、基期的能源价格变化与基期能源价格比值，反映能源价格的波动程度，即国际市场获取能源的不确定因素，属于负指标。价格波动率越小，能源进口价格稳定性越高，越有利于能源进口安全。⑤ 能源进口量占世界总贸易量比重：能源进口量与世界能源总进口量（或总出口量）比值，反映能源的进口规模和程度，属于负指标。⑥ 能源进口集中度：中国跟前 5 位国家（或地区）能源进口量与中国能源总进口量比值，反映能源进口多元化程度，即能源进口市场集中风险，属于负指标。

能源可持续性主要反映的是能源可负担性和可接受性，保障能源安全系统的稳定和协调，涉及国家保障、经济支撑、环境保护等诸多因素。能源可持续性体现了能源安全的"时间维"和"质量维"，衡量指标包括经济实力、碳排放强度、环境污染治理投资率、能源消耗强度等。①经济实力：一定时期内社会经济活动所创造的财富增加值总量（国内生产总值，GDP），反映经济对进口能源的支付能力，属于正指标。②碳排放强度：二氧化碳排放总量与国内生产总值（GDP）比值，是单位 GDP 碳排放量，反映能源使用过程中的环境保护程度，即能源消费的清洁性，属于负指标。③环境污染治理投资率：环境污染治理投资总额与国内生产总值（GDP）比值，反映环境质量的重视程度及投入水平，属于正指标。环境污染治理投资越高，越有助于降低能源消费带来的环境污染。④能源消费强度：能源消费总量与国内生产总值（GDP）比值，是单位 GDP 能源消耗量，反映能源利用效率，即经济增长对能源的依赖程度，属于负指标。当前我国能源消费仍以化石能源为主，能源利用效率越高，单位 GDP 消费的化石能源越少。

能源技术发展主要反映的是能源开发利用的技术水平，对能源安全起着驱动和支撑作用。当前新一轮能源技术革命正在孕育兴起，能源技术成果不断涌现，正在并将持续改变世界能源格局，使得能源技术发展成为能源安全的重要维度。能源技术发展保障和驱动着能源安全稳定有序运行，衡量指标包括地质勘查程度、能源替代率、能源加工转换效率等。①地质研究程度：地质勘查费用投入与国内生产总值（GDP）比值，反映能源勘查开发程度，属于正指标。地质研究程度越高，越有助于发现更多的能源储备。②能源替代率：水电、核电、风电等可再生能源消费量与能源消费总量比值，反映非化石能源与化石能源之间相互支撑的强度或替代率，属于正指标。③能源加工转换效率：一定时期内能源经过加工转换后，产出的各种能源数量与投入加工转换的各种能源数量比值，反映能源生产设备和工艺的水平，属于正指标。

2.3 中国能源安全评估

基于构建的能源安全评估指标体系，以熵值法对各个指标进行赋权，对我国石油、天然气、煤炭等主要传统化石能源的安全状况进行评价和分析，以期为能源发展和安全战略的制定提供一定的支撑和借鉴。

2.3.1 数据来源及说明

本书以石油、天然气、煤炭三种化石能源为研究对象，选取2001—2019年年度数据对我国石油、天然气、煤炭能源安全进行评价。其中，储量占世界总储量比重、储采比、人均能源储量、能源产量占世界总产量比重、能源自给率、能源进口量占世界总贸易量比重、能源价格波动率等指标数据主要来源于《BP 能源统计年鉴 2016—2020》；国内生产集中度、能源替代率、能源加工转换效率等指标数据主要来源于《中国能源统计年鉴 2002—2019》；经济实力、碳排放强度、环境污染治理投资率、能源消费强度等指标数据主要来源于《中国统计年鉴2002—2020》；地质研究程度等指标数据主要来源于《中国矿产资源报告 2011—2020》。

此外，需要说明的是，由于部分指标数据难以获取连续的时间序列，所以选择了用近似指标数据进行代替。如国内生产集中度，由于难以收集 2001—2019 年石油、天然气、煤炭国内企业的能源生产量数据，故石油、天然气、天然气的国内集中度用国内前 5 位省份能源生产量与国内所有省份能源生产总量比值来代替。同时，由于本书写作时缺少《中国能源统计年鉴 2020》，部分能源数据存在缺失，如国内生产集中度、能源加工转换率等，这部分数据利用趋势外推法进行了相应的填补。

2.3.2　能源安全评估方法

国内外学者运用了多种方法进行能源安全评估，如因子分析法、层次分析法、专家调查法、熵值法等，每种评估方法各有侧重、均有利弊。本研究选取熵值法对我国煤炭、石油、天然气三种能源安全进行评估，以此考察我国能源安全情况。

熵值法是一种常用的确定指标权重的评估方法，可以利用信息熵的原理避免人为影响因素的干扰，使得指标权重更具有客观性和可信度。若选取 m 个年份，n 个指标进行能源安全评估，x_{ij}（$i=1, 2, \cdots, n$, $j=1, 2, \cdots, m$）表示 i 个指标在第 j 年的指标值，那么熵值法的具体步骤如下：

第一步，指标的标准化处理。由于能源评估指标体系中各原始指标的计量单位并不统一，因此在计算综合指标之前，先要进行标准化处理，将所有指标的绝对值转换为相对值。同时，由于正向指标和负向指标数值代表的含义不同（正向指标数值越高越好，负向指标数值越低越好），因此，对于不同指标需要用不同的算法进行数据标准化处理。具体方法如下：

正向指标标准化：

$$y_{ij} = \frac{x_{ij} - \min\{x_{1j}, x_{2j}, \cdots, x_{nj}\}}{\max\{x_{1j}, x_{2j}, \cdots, x_{nj}\} - \min\{x_{1j}, x_{2j}, \cdots, x_{nj}\}}$$

负向指标标准化：

$$y_{ij} = \frac{\max\{x_{1j}, x_{2j}, \cdots, x_{nj}\} - x_{ij}}{\max\{x_{1j}, x_{2j}, \cdots, x_{nj}\} - \min\{x_{1j}, x_{2j}, \cdots, x_{nj}\}}$$

第二步，计算指标比重。p_{ij} 为第 j 年份下第 i 个指标占该指标的比重，其中加 1 平移处理是为了避免取对数后无意义：

指标比重：

$$p_{ij} = \frac{y_{ij} + 1}{\sum_{j=1}^{n}(y_{ij} + 1)}$$

第三步，计算信息熵值。信息熵是信息无序度的度量，信息熵越小，信息的无序度越小，信息的效用值越大；反之，信息熵越大，信息的无序度越大，信息的效用值越小。信息熵值在 0-1 之间，当某个指标完全无序，则信息熵值为 1，对综合评估效用值为 0，反之亦然。计算公式如下：

信息熵值：

$$E_i = -k \sum_{j=1}^{m} p_{ij} \ln(p_{ij})，其中 k 为正常数。$$

第四步，确定指标权重。熵值法计算各指标在综合评估中的权重，本质上是计算指标的信息效用价值占所有指标的信息效用价值的比重。因此权重 λ_i 的计算公式如下：

指标权重：

$$\lambda_i = \frac{1 - E_i}{\sum_{j=1}^{n}(1 - E_i)} = \frac{1 - E_i}{n - \sum_{j=1}^{n}(E_i)}$$

最后，计算综合得分。根据熵值法得到的指标权重，将标准化后的指标加权计算，即可得到时间序列上每年的综合得分。

综合得分:

$$s_j = \sum_{i=1}^{n} \lambda_i \, p_{ij}$$

2.3.3 能源安全评估结果分析

基于能源安全评估指标体系及熵值法,对 2001—2019 年我国石油、天然气、煤炭的能源安全状况进行评估,具体结果如图 2-1 至图 2-3 所示。

(一) 2001—2019 年我国石油安全评价结果分析

2001—2019 年我国石油安全水平呈现先下降后上升的趋势,但总体来看呈现出明显的上升趋势,表明我国石油安全状况总体是趋于好转的。具体来看,2001—2003 年我国石油安全水平呈现出下降趋势,由 0.2251 下降至 0.1857,这主要是由于我国加入世界贸易组织(WTO),经济实现了快速发展,进而加大了对石油的需求。这是石油安全水平处于下降趋势的主要原因。2004 年以后,我国石油安全水平逐步回升,这主要是由于一方面伴随着我国开放程度的不断提升,石油可获性在不断改善,如进口来源集中度等在向着提升安全的方向变化,另一方面国内也更加关注能源技术进步和可持续发展,石油储量、储采比、地质研究程度及能源替代率等指标都在好转。其中,2004—2014 年我国石油安全水平呈现快速上升趋势,由 0.2686 上升至 2014 年的 0.6818,年均增长 0.0451;2015—2019 年我国石油安全水平呈现缓慢的上升趋势,由 2015 年的 0.6818 上升至 0.7495,年均增长 0.0135。近年来我国石油安全水平增长缓慢,更多是受制于石油可用性,储采比、人均石油储量等增长缓慢。可以看出,石油可用性和能源技术是石油安全状况的主要因素。

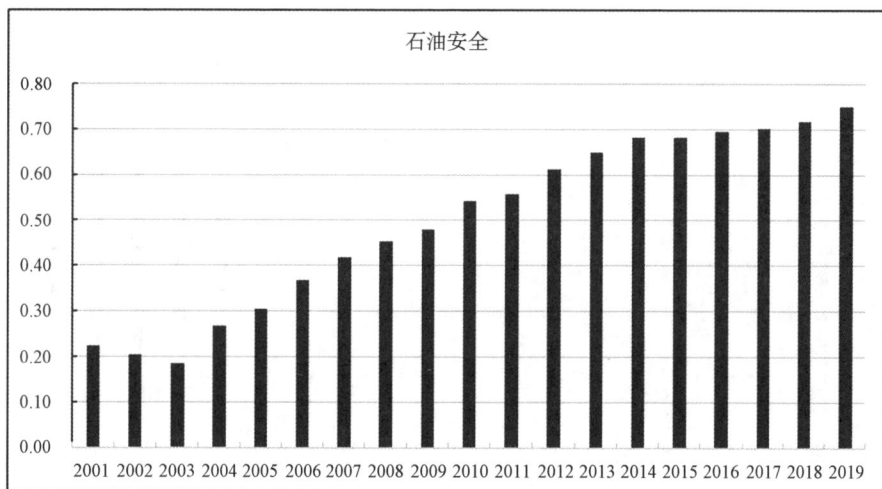

图 2-1　2001—2019 年我国石油安全评价结果

（二）2001—2019 年我国天然气安全评价结果分析

类似于石油安全变化趋势，2001—2019 年我国天然气安全水平总体表现出明显的上升趋势，表明我国天然气安全状况总体是趋于好转的。具体来看，2001—2002 年我国天然气安全水平呈现一定的下降趋势，由 0.1803 下降至 0.1527。2003 年以后，我国天然气安全水平开始逐步回升，由 2003 年的 0.1656 上升至 2019 年的 0.8555，年均增长 0.0413，这主要是由于随着国际气候变化以及我国环保意识的增强，我国加大清洁能源天然气的勘探开发，提高了其可用性、可持续性、技术发展等的安全性，其安全水平开始不断上升。值得注意的是，相对石油安全水平，期初我国天然气安全水平都相对较小，这主要是由于期初我国天然气在开发利用上都相对没有那么成熟。近年来我国天然气安全水平增长较快，且明显高于石油安全水平，这主要由于随着传统的石油和煤炭能源开发利用难度增加，以及节能减排和气候变化，使得天然气技术得到快速发展，开发利用变得越来越成熟。

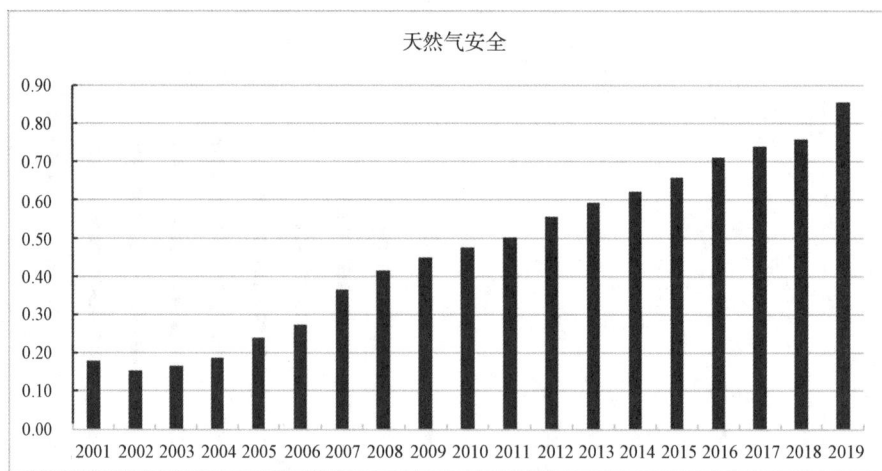

图 2-2 2001—2019 年我国天然气安全评价结果

值得注意的是，我国石油、天然气对外依存度不断攀新高，石油、天然气安全风险依然较大。随着国民经济的快速发展，我国对油气的需求快速提高，油气供应缺口不断扩大，推动了其对外依存度不断提升，目前石油对外依存度已超过 70％，天然气对外依存度已超过 40％。2019 年我国原油进口量 50572 万吨，同比增长 9.5％，石油对外依存度高达 70.8％；天然气进口量 9660 万吨，同比增长 6.9％，对外依存度高达 43％。未来，伴随着我国经济的发展，油气需求将同步增长，对外依存度将在相当长的时间内保持上升趋势。特别是在大力治理环境污染和提高大气质量的大背景下，天然气对外依存度将保持快速攀升的态势。

此外，油气国际竞争也更趋激烈，利用境外油气资源不确定性突出。近年来发生的利比亚战争、伊朗核问题等地缘政治事件，都增加了国际油气供应的不确定性。特别地，美国已成为世界第一大油气生产国，油气出口快速增长，对全球油气市场的影响力明显增强，中美贸易摩擦将进一步推动国际油气秩序重构。印度及东盟国家经济快速发展，能源消费持续增长，这些国家与我国同样具有缺油少气的资源特征，将使我国利用境外油气资源面临更加激烈的竞争。同时，油气进口高度集中，导致我国油气供应极易受到国外政局的影响和控制，其中石油进口超过一半来自中东地区，严重超出世界安全标准30%；天然气进口主要来源于少数几个国家，如气态天然气主要来自土库曼斯坦，液态天然气主要来自澳大利亚、卡塔尔、印度尼西亚、马来西亚。能源通道也存在较大隐患，我国能源输入通道比较单一，过度依赖海上集中运输能源，石油进口约80%通过马六甲海峡，形成了制约我国能源安全的"马六甲困局"。同时，我国长期缺乏国际油价的话语权叠加全球经济格局深度调整和地缘政治博弈加剧，都加大了我国油气安全风险。

（三）2001—2019 年我国煤炭安全评价结果分析

2001—2019 年我国煤炭安全水平也呈现先下降后上升的趋势，但总体是呈现明显的上升趋势，表明我国煤炭安全状况总体也是越来越好的。具体来看，2001—2002 年我国煤炭安全水平呈现下降趋势，由 0.2257 下降至 0.2157。2003 年以后，我国煤炭安全水平平稳的上升趋势，由 2013 年的 0.2204 上升至 2019 年的 0.7080，年均增长 0.0290。需要注意的是，相对石油和天然气安全水平，我国煤炭安全水平波动程度最小，这主要是由于我国是一个以煤炭为主的能源生产和消费大国，煤炭的可用性和可获性状况一直较好，如煤炭储量、煤炭生产集中度、煤炭自给率等都相对较高，进而使得我国煤炭安全始终保持着相对稳定的安全水平。其中，2016 年我国煤炭安全水平最高，这主要是由于煤炭可用性达到较高的水平。特别地，近年来由于环境问题，我国严格控制煤炭的开发利用，使得碳排放强度和单位 GDP 煤炭消耗的不断下降，煤炭安全水平保持不断地上升。

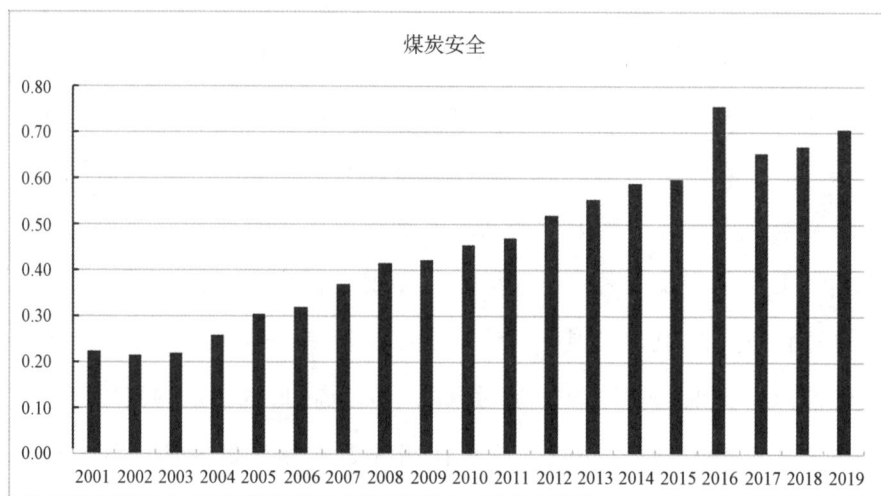

图 2-3　2001—2019 年我国煤炭能源安全评价结果

我国是煤炭生产和消费大国，能源体系以化石能源，尤其以高碳的煤炭为支撑。煤炭长期以来支撑我国经济社会较快发展，是我国能源安全保障的压舱石、稳定器，关系着国家经济命脉和能源安全。在全国已探明的化石能源资源储量中，煤炭占 94% 左右，是稳定经济、自主保障能力最强的能源。尽管煤炭在一次能源消费中的比重将逐步降低，2020 年降至 56.8%，但在相当长时间内煤炭的主体能源地位不会变化，这决定了煤炭行业在实现"双碳"目标中承担更重责任。我国能源资源禀赋特点决定了必须长期坚持煤炭清洁高效利用道路，是符合当前基本国情、基本能情的选择。因此，未来"双碳"目标硬约束下，煤炭清洁高效利用对我国发挥煤炭资源优势、缓解油气资源紧张局面、保障能源安全、保护生态环境，具有重要战略意义。

第3章　经济—能源—环境预测与政策仿真模型系统构建

经济—能源—环境预测与政策仿真模型系统是以能源—经济的投入产出关联理论、自下而上的部门分析法和全局优化思路构建而成。该系统主要具备三方面功能：①对全国各行业中长期经济社会发展中的能源消费、加工转换和一次能源生产活动进行仿真；②对所需的煤、电、油、气终端能源消耗量和一次能源供需平衡进行预测；③对经济和能源领域重大政策引起的能源供需平衡的潜在变动进行模拟。

3.1　国内外能源供需模型研究现状

国内外在能源供需模型方法研究方面作出了大量成果。从国际来看，国际能源署（IEA，MARKAL 模型）、法国能源经济研究所（IEPE，MEDEE 模型）、欧盟（EU，EFOM 模型）、瑞典斯德哥尔摩环境研究所（SEI，LEAP 模型）、美国能源部（EIA，NEMS 模型）等国际机构和发达国家均开发了规模庞大的自上而下和自下而上相结合的模型系统，并建立了持续完善的工作机制。这些团队建立了详细的模型机制以阐释主要经济活动与能源需求之间的关系，并采用情景分析法对未来的能源需求开展预测。这在帮助世界了解未来全球能源供需形势的同时，也对全球投资方向产生重要影响。此外，英国石油、埃克森美孚等国际能源集团公司也定期开展世界能源需求预测，影响着市场对未来能源需求走势的判断。从国内来看，国家发改委能源研究所（ERI，IPAC 模型）、国家信息中心（SIC，SICGE 模型）等开发大规模能源供需预测模型系统。SICGE（State Information Center General Equilibrium）模型是国家信息中心自 2007 年起与澳大利亚 MONASH 大学 CoPS 中心联合开发而成的国家动态可计算一般均衡模型，经过 10 年的二次开发和应用，融合了 MONASH 模型主要理论与结构（Dixon & Rimmer，2002），并充分吸收了与中国经济有关特征和数据。同时，为了建立与能源—环境系统分析模型的连接，在 SICGE 模型中，内生了主要行业的单位增加值能耗系数，通过引入解释变量将能源—环境系统分析模型的计算结果反馈回来，实现两个模型在经济活动与能源消耗规律上的一致性。SICGE 模型还引入了各种能源产品的有限替代机制，具备分析各类政策对能源替代和节能减排的影响。

从现有文献来看，绝大部分模型方法仍停留在学术理论研究层面上，实证应用明显不足。在开发大规模中长期能源供需预测模型系统方面，对国内存在的预测模型及方法调研表明，绝大部分方法仍停留在学术研究层面上，真正能够持续开展预测工作，尤其是从经济预测出发，结合经济社会发展和人民生活水平的能源需求预测的实际工作仍较为欠缺。能源预测模型主要有投入产出法（Harry，1998；罗向龙，2003）、能源弹性系数法（刘彦民，2001；陈军才，2010）、时间序列法（卢二坡，2004；薛智韵等，2006）、非线性预测方法（Jvaeed Nizami，1995；Yao，2003；Halim Ceylan，2004；傅瑛等，2005）等。虽然这些能源预测模型都对能源预测理论和实践作出了重要的贡献，但现有模型仅仅是从能源本身出发，未综合考虑能源环境经济社会复杂性，所以往往因缺乏全面充分信息而导致误差。然而，能源预测是一个涉及众多因素的复杂系统，其受到未来社会发展、人民生活水平、能源价格和节能措施等诸多不确定因素的影响，因此开发大规模能源供需预测模型系统，成为当前组织开展能源供需预测的必要基础工具。

3.2　模型系统主要功能结构

经济—能源—环境预测与政策仿真模型系统包括 15 个子系统：中长期社会发展与经济展望子系统、建筑耗能与污染物排放子系统、交通运输耗能与污染物排放子系统、化工业主要产品走势及耗能预测子系统、钢铁及建材耗能预测子系统、电力需求子系统、煤炭供需子系统、石油供需子系统、天然气供需子系统、电力、热力供应子系统、终端能源需求核算子系统、一次能源需求与污染物排放核算子系统、模型界面设置子系统、模型交互子系统、模型自定义管理子系统。

该系统各模块的关联关系为：输入变量包括国际能源价格、国内外宏观经济形势判断和重大能源政策等。这些变量将直接作用到模型系统的相关模块上，并通过经济运行中的终端能源供需平衡、一次能源供需平衡，得到最终的优化能源供给。通常的输出结果包括分行业、分品种终端能源需求、分品种一次能源需求以及各种环境污染物和温室气体排放量等。

3.3　经济—能源—环境预测模型系统主要子系统构建

3.3.1　中长期社会发展与经济展望子系统

我国到本世纪中叶将实现中华民族伟大复兴的发展目标。该子系统主要根据这一目标，参考发达国家的经验和我国现实国情，对未来经济社会发展的路径进行合理预测。中长期社会发展与经济展望子系统共包括中长期社会发展展望模块、中长期经济结构化预测模块共 2 个模块。

（1）中长期社会发展展望模块

选取反映社会发展水平又与能源消费密切相关的重要指标（人口、人口年龄结构、性别结构、城镇化率、人均汽车保有量、人均住宅面积等），开展到 2050 年的展望。人口预测遵循自然发展规律，考虑全面放开二孩政策的影响；参考发达国家的水平及我国国情，对人均汽车保有量、人均住宅面积等表征生活富裕程度的指标开展合理预测。

（2）中长期经济结构化预测模块

主要输出分行业增加值预测结果，并能够响应情景设置。

①宏观经济增长潜力预测

依据资本、就业、技术进步、资源禀赋等生产要素供应能力，综合考虑环境约束、国际经验，对我国未来宏观经济增速（GDP）进行预测。

②产业结构预测

应用国家可计算一般均衡经济运行与政策模拟系统提供的 42 行业的分行业增加值结构，以所开展的 GDP 预测作为控制数，预测未来 42 行业的发展走势。

该模块需要具备情景设置响应功能，可根据 GDP 增速的调整，自动完成新的分行业增加值的预测工作；也可满足调整部分重点产业走势的情景分析，这种情况下可维持 GDP 不变，而只实现结构调整。

3.3.2　建筑耗能与污染物排放子系统

建筑耗能主要指居民住宅和公共建筑上使用的各种能源。居民住宅的耗能包括供暖、空调、照明、家用电器、炊事和热水等；公共建筑耗能主要指供暖、空调、照明、办公设备和一些服务业的用能需求。建筑耗能的污染物排放主要指直接使用煤炭、天然气、油品所产生的 CO_2、SO_2、NO_x 和 $PM_{2.5}$ 等。建筑面积和单位面积的能耗系数是影响未来建筑耗能及污染物排放的主要因素。建筑耗能与污染物排放子系统共包括中长期建筑面积发展趋势预测模块、建筑耗电预测模块、建筑采暖用能预测模块、建筑空调用能预测模块、居民其他生活用能预测模块、汇总建筑用能及污染物排放预测模块共 6 个模块。

（1）中长期建筑面积发展走势预测模块

参考发达国家人均居住面积、人均公共建筑面积，设定我国未来建筑面积的峰值。根据我国目前年均建筑竣工面积水平和城镇化率，预测我国未来城镇、农村的住宅及公共建筑面积达峰路径，测算总的建筑面积发展趋势。具有响应情景设置（城镇化率走势、人均住宅面积），进行动态调整的功能。

（2）建筑耗电预测模块

主要根据情景设置输出建筑用电需求。

①居民用电需求（不考虑采暖）

基于人口户数、户均空调、冰箱、洗衣机、电视、热水器、照明、其他电器功率数、使用时长，预测居民用电需求。

②公共建筑用电需求（不考虑采暖及空调）

主要是第三产业用电需求。基于建筑面积，单位面积的照明、电器功率、使用时长，预测公共建筑用电需求。

（3）建筑采暖用能预测模块

预测我国采暖区域的建筑面积，结合未来建筑标准不断提高，预测单位面积所需的采暖能耗，测算总的采暖需求。

预测集中供暖、分散供暖的发展趋势，集中供暖中，考虑燃煤锅炉、燃气锅炉、地热及其他供暖方式的发展趋势，进而给出所需煤炭、天然气、地热及其他能源的需求预测。分散供暖中，考虑煤炭、电采暖、燃气壁挂炉及其他供暖方式的发展趋势，进而给出所需煤炭、天然气及其他能源的需求预测。

（4）建筑空调用能预测模块

基于建筑面积走势预测我国空调用能总制冷量。预测集中式空调、分散式空调的发展趋势，集中式空调的用能方式包括电、燃气分布式；分散式空调主要是用电。进而预测出所需的电力和天然气。

（5）居民其他生活用能预测模块

基于人口数和单位人口所需的炊事及热水量，预测炊事及热水总量。炊事及热水用能包括以煤为燃料，以天然气为燃料和以 LPG 为燃料，可分别测算出煤、天然气及 LPG 的需求。

（6）汇总建筑用能及污染物排放预测模块

将前述能源需求预测结果按照电力、煤炭、天然气、LPG 等能源品种进行汇总，并折算成统一热量单位——标准煤，进行加总，得出建筑用能总量的未来趋势。根据分品种能源消费量测算 CO_2、SO_2、NO_x 和 $PM_{2.5}$ 等污染物排放量。

3.3.3　交通运输耗能与污染物排放子系统

交通运输耗能主要指公路、铁路、航空、水运使用的各种能源，主要包括汽油、柴油、煤油、燃料油、天然气和电。建筑耗能的污染物排放主要指直接使用各种油品及天然气所产生的 CO_2、SO_2、NO_x 和 $PM_{2.5}$ 等。交通运输耗能与污染物排放子系统共包括中长期汽车保有量走势与公路运输耗能预测模块、铁路运输周转量与耗能预测模块、航空周转量与耗能预测模块、水运周转量与耗能预测模块、汇总交通用能及污染物排放测算模块等 5 个模块。

（1）中长期汽车保有量走势与公路运输耗能预测模块

参考发达国家人均汽车保有量，预测我国未来载客汽车保有量峰值，利用 S 曲线模型对我国载客汽车达峰路径进行预测。将载客汽车细分为大型客运（公交及长途大巴）、中型汽车、小型汽车和微型汽车。预测每类车的分燃料类型（汽油、柴油、混合动力、天然气、电动、燃料电池）的需求结构。参照发达国家经验，根据经济发展趋势，预测未来货运车辆总数及发展路径。将载客汽车细分为重型货运、中型货车（城市内物流）、小型货车（家用）。预测每类车的分燃料类型（汽油、柴油、混合动力、天然气、电动、燃料电池）的需求结构。根据每类车的年行驶里程参数、燃油经济性参数、预测公路运输的分品种能源需求（汽油、柴油、天然气及电力）。各类车在不同燃料之间具有价格替代功能，可以通过情景设置不同燃料相对价格，实现不同燃料车型的相互替代。

（2）铁路运输周转量与耗能预测模块

铁路运输分为城市铁路客运、铁路长途客运及铁路货运三个方面。城市铁路里程的发展态势决定了客运能耗走势；铁路长途客运及铁路货运取决于周转量预测。随着我国铁路机车从内燃机转为电力机车，未来铁路运输主要是耗电。

①城市铁路客运能耗预测

基于城市铁路发展态势，预测城市铁路里程，结合单位里程电耗预测城市铁路客运的能耗。

②铁路客运能耗预测

基于经济社会发展趋势对铁路客运周转量开展预测，结合单位里程电耗，预测铁路客运的能耗。

③铁路货运能耗预测

基于经济社会发展趋势对铁路货运周转量开展预测，结合单位里程电耗，预测铁路货运的能耗。

（3）航空周转量与耗能预测模块

基于经济社会发展水平及发达国家人均航空出行次数，测算我国航空客运周转量，基于单位里程的燃油经济性测算航空客运的能耗。航空货运周转量根据经济社会发展水平进行预测，基于单位周转量的燃油经济性测算航空货物运输的能耗。目前航空运输以航空煤油为主，未来假设主要燃料仍然是煤油。

（4）水运周转量与耗能预测模块

基于水路客运的历史趋势预测我国水路客运周转量；基于经济社会发展水平预测水路货运周转量走势。基于单位里程的燃油经济性测算水路客、货运的能耗。目前水路运输以燃料油和柴油为主，未来 LNG 和燃料电池有望成为新的燃料，未来预测应加以考虑。

（5）汇总交通用能及污染物排放测算模块

基于前述的汽油、柴油、煤油、燃料油、天然气和电力需求预测，汇总得到交通用能，进而测算出污染物（CO_2、SO_2、NO_X 和 $PM_{2.5}$）排放量。

3.3.4 基于企业大数据的化工业主要产品走势及耗能预测子系统

化工业是传统耗能行业，未来随着经济社会发展、人民生活水平提高，对化工产品的需求有望持续上升。基于化工企业大数据信息，建立主要化工产品的能源投入信息和污染物排放信息。化工业主要产品走势及耗能预测子系统包括模块：合成氨需求与耗能预测模块、甲醇需求与耗能预测模块、乙烯需求与耗能预测模块。

（1）合成氨需求与耗能预测模块

合成氨主要用于化肥生产，根据未来农业发展走势、化肥出口态势，预测未来合成氨产量。

考虑三种主要生产技术路线：天然气制合成氨、无烟煤制合成氨、非无烟煤制合成氨，根据未来各种技术路线的比重，预测天然气及煤炭需求。

引入价格弹性机制，针对天然气相对煤炭的比价变化，模型具有相应调整三种技术路线比重的功能。

（2）甲醇需求与耗能预测模块

甲醇是主要的化工原料，考虑四种主要生产技术路线：天然气制甲醇、无烟煤制甲醇、非无烟煤制甲醇、焦炉气制甲醇，根据未来各种技术路线的比重，预测天然气及煤炭需求。

引入价格弹性机制，针对天然气相对煤炭的比价变化，模型具有相应调整四种技术路线比重的功能。

（3）乙烯需求与耗能预测模块

乙烯是重要的化工原料，是服装、玩具等轻工产品的基础原料，随着经济社会发展有望持续增长。考虑两种主要生产技术路线：石油制乙烯、煤制乙烯，根据未来各种技术路线的比重，预测石油及煤炭需求。

引入价格弹性机制，针对石油相对煤炭的比价变化，模型具有相应调整两种技术路线比重的功能。

3.3.5　基于企业大数据的钢铁、建材耗能预测子系统

钢铁和建材是我国最主要的两大耗能产业，每年消耗超过 10 亿吨煤炭。随着经济进入新常态，固定资产投资需求的增长将逐步放缓，相应这两个行业的能耗走势值得认真研究。基于钢铁和建材行业的企业大数据信息，建立主要钢铁和建材产品的能源投入信息和污染物排放信息。主要包括两个模块：钢铁耗能预测模块，建材耗能预测模块。

（1）钢铁耗能预测模块

基于对我国建筑走势、汽车生产走势以及基础设施建设、机器设备制造业发展态势的判断，预测未来钢铁需求。

预测我国未来钢铁出口走势，并结合需求预测结果，测算未来钢铁

产量。

考虑两种生产工艺：以铁矿石、焦炭为原料先炼铁、再炼钢的长流程；以废钢为原料、电为动力的短流程炼钢技术。根据未来两种工艺的运行成本、资源潜力（长流程的资源是铁矿石，短流程的资源是废钢），测算未来粗钢的工艺结构。

根据长流程炼钢工艺的粗钢产量，测算行业所需的生铁产量，依据生铁产量测算焦炭、动力煤、喷吹煤的需求。根据整个流程的电耗系数测算电力需求。根据短流程炼钢工艺的粗钢产量，测算所需电耗。

本模块具有政策冲击响应功能，可根据调整的长流程和短流程比例计算相同钢铁需求下的煤炭、电耗。

（2）建材耗能预测模块

基于对我国建筑及基建投资的预测，计算主要建材的生产能耗。

分别预测水泥、玻璃、墙体材料、石灰石、瓷砖的未来走势，并根据相应的单位产出的能耗系数，测算煤炭、天然气、电力需求。

本模块具有政策冲击响应功能，可根据调整的行业生产规模情景，测算相应的煤耗、气耗、电耗。

3.3.6 电力需求子系统

电力需求遍布各个行业生产和居民生活。本系统需要对全社会用电量开展预测。由于建筑、交通、化工、钢铁、建材等行业的电耗来自前述各子系统，这里主要包括 4 个模块：农业用电预测模块、采矿业用电预测模块、其他第二产业用电预测模块以及全社会用电量汇总模块。

（1）农业用电预测模块

农业用电主要反映灌溉及农业生产用电。农业增加值和单位增加值电耗是关键变量。农业增加值的预测来自前面的中长期社会发展与经济展望子系统。随着农业现代化水平提高，需要对农业单位增加值用电强度的变化趋势进行判断。

（2）采矿业用电预测模块

根据国民经济行业分类，采矿业包括煤炭开采、油气开采、金属矿采选业、非金属矿采选业、其他采矿业和采矿服务业。煤炭及油气开采量、单位开采量电耗是决定煤炭开采、油气开采的用电需求的主要因素。金属矿采选业、非金属矿采选业、其他采矿业和采矿服务业主要根据行业增加值走势及单位增加值电耗的变化趋势进行预测，行业增加值来自中长期社会发展与经济展望子系统。

（3）其他第二产业用电预测模块

第二产业中，除去采矿业、化工、钢铁、建材等制造业之外，还有大量的细分工业和建筑业。具体行业分类请参见国民经济行业分类。这些行业用电需求（不包括电力行业自耗电部分）主要通过行业增加值和单位增加值电耗的走势进行预测。行业增加值主要来自中长期社会发展与经济展望子系统。

（4）全社会用电量汇总模块

将建筑、交通、化工、钢铁、建材、农业、矿业、其他第二产业用电汇总得到终端用电需求总量。

根据终端用电需求总量，计算电力行业自耗电（网损、厂用电），最后得到全社会用电量。

3.3.7 煤炭供需子系统

煤炭需求遍布各个行业生产和居民生活。本系统按照部门分析法对煤炭总需求预测。由于建筑、化工、钢铁、建材等行业的煤耗来自前述各子系统，发电及供热煤耗来自电力、热力供应子系统，这里主要包括4个模块：散煤需求预测模块、新型煤化工需求预测模块、煤炭消费总量汇总模块以及煤炭供应模块。

（1）散煤需求预测模块

除了前述系统，散煤需求还存在于农业、采矿业（主要是煤炭开采业）、各种制造业的小规模工业热负荷需求（燃煤小锅炉），计算相应的污染物（CO_2、SO_2、NO_x和$PM_{2.5}$）排放量。

农业散煤需求主要用于农业生产过程中的取暖。这部分量不大，主要根据专家法进行判断。

采矿业散煤需求包括动力消耗和煤矸石两部分，这里主要考虑前者。动力消耗需要考虑伴生瓦斯气的利用对于散煤的替代效应。

传统的小规模工业热负荷需求主要是燃煤小锅炉提供，由于污染严重，这部分耗煤未来面临被逐步替代。需要考虑小型燃气锅炉、电锅炉和其他分布式功能方式的替代效果。并进而测算出所需的额外天然气需求、电力需求。

（2）新型煤化工需求预测模块

主要包括煤制油、煤制气和煤制烯烃三种新型煤化工未来走势及煤炭需求量预测。煤制油和煤制气都是我国重要的战略技术储备，未来需要保持一定的开工规模，据此对煤制油、煤制气的产量及未来煤炭需求进行预测。

煤制烯烃指甲醇制烯烃之外直接用煤制烯烃的技术，根据未来烯烃需求和其他技术路线的技术经济性，判断煤制烯烃的发展前景，相应测算煤炭需要量。

（3）煤炭消费总量汇总模块

将以上各种煤炭需求按照动力煤、原料煤进行分类汇总，再按照我国煤炭品质测算煤矸石产量，最终得到煤炭消费总量以及相应的污染物（CO_2、SO_2、NO_x和$PM_{2.5}$）排放测算。

（4）煤炭供应模块

根据煤炭国内消费量、出口及进口的预测，测算我国未来煤炭供应量。给定未来煤炭井口价格，测算煤炭供应总成本。

3.3.8 石油供需子系统

石油需求主要用于交通及化工。本系统按照部门分析法对分品种油品需求预测再进行汇总。前述对交通、化工行业对主要油品的需求都进行了详细预测，这里主要是查漏补缺，提供完整口径的石油需求及供应预测。主要包括 4 个模块：成品油需求预测模块、其他油品需求预测模块、石油需求汇总模块以及石油供应模块。

（1）成品油需求预测模块

交通运输耗能与污染物排放子系统对车用汽油、柴油、煤油都进行了详细预测。还需要补充如下内容：

①其他汽油需求预测

考虑摩托车未来保有量，以及电动摩托的替代，预测摩托车汽油需求量。根据历史上其他汽油用途占比（不大于 2%）预测未来其他汽油需求量，得到总的企业需求。

②其他柴油需求预测

除了交通运输，柴油还用于农用机械、建筑工程、采矿业以及工业机械。农业机械用柴油考虑农业增加值增长以及农业现代化趋势，同时考虑电动机械对柴油机械的替代。

建筑工程、采矿业以及工业机械用柴油主要考虑未来建筑业增加值、采矿业增加值以及工业增加值走势，以及单位增加值的柴油消耗系数变化趋势。

③其他煤油需求预测

主要考虑少数居民生活使用的煤油灯具及炊具。随着人民生活水平提高、相关灯具、炊具的技术升级换代，未来这部分需求将逐步减少。

（2）其他油品需求预测模块

主要考虑燃料油、液化石油气、化工用油的需求预测。

①燃料油需求预测

燃料油之前主要用于水运、二次炼油、工业燃料及发电点火用油。未来预测需要考虑原油进口配额放开、以及内河水运燃料升级的政策导向。

②液化石油气需求预测

液化石油气除了用于居民炊事之外，还主要用于工业原料。未来需要考虑液化石油气作为原料的发展前景。

③化工用油需求预测

化工用油除了乙烯之外，还是 PX 的重要原料。乙烯用油使用化工业主要产品走势及耗能预测子系统结果；PX 生产用油，主要考虑 PX 的需求潜力和收率参数。

（3）石油需求汇总模块

将成品油和其他的主要油品需求整合，根据炼油技术升级预测未来的油品收率，测算相应的石油需求总量，以及副产的石油焦、沥青和其他油品产量。根据各油品的使用情况，明确燃料和原料数量。基于燃料计算污染物（CO_2、SO_2、NO_x 和 $PM_{2.5}$）排放量。

（4）石油供应模块

根据原油国内消费量、国内产量预测未来的进口规模。预测未来国际原油价格，测算我国石油供应总成本。

3.3.9　天然气供需子系统

天然气是在可再生能源成为主力能源之前替代煤炭、石油的重要过渡能源，使用范围包括采矿业、制造业、发电以及满足建筑供暖、空调、炊事等。本系统按照部门分析法对分行业天然气需求预测，再进行汇总。前述建筑耗能与污染物排放子系统、交通运输耗能与污染物排放预测子系统、化工业主要产品走势及耗能预测子系统都对天然气需求进行了详细预测，这里主要是查漏补缺，提供完整口径的天然气需求及供应预测。主要包括 4 个模块：采矿业用气需求预测模块、其他工业用气需求预测模块、天然气需求汇总模块以及天然气供应模块。

（1）采矿业需求预测模块

采矿业天然气需求主要是油气开采业消耗，根据原油及天然气开采量预测采矿业的天然气需求。

（2）其他工业用气预测模块

主要考虑炼油及除去建材、化工之外的其他行业用气。

①炼油用气需求

主要根据石油加工量，以及单位加工量的用气参数进行预测。

②其他工业用气需求预测

主要根据工业增加值走势以及散煤替代的政策力度进行其他工业用气需求预测。

（3）天然气需求汇总模块

汇总建筑耗能与污染物排放子系统、交通运输耗能与污染物排放预测子系统、化工业主要产品走势及耗能预测子系统、电力热力供应子系统中对天然气的需求预测结果，以及本子系统中的天然气需求共同汇总，得到天然气需求总量，计算污染物（CO_2、SO_2、NO_X 和 $PM_{2.5}$）排放量。

（4）天然气供应模块

根据天然气国内消费量、国内常规气、致密气、页岩气、煤层气产量预测未来的进口规模。预测未来国际天然气价格，测算我国天然气供应总成本。

3.3.10 基于电力企业大数据的电力、热力供应子系统

电力、热力是最重要的二次能源。以满足电力需求子系统中的全社会用电需求为目标，测算各种电源的装机和发电量需求。这里的热力仅考虑热电联产的热力供应，集中供暖和工业锅炉部分不在这里考虑。主要预测煤电、气电、水电、核电、风电、光伏、生物质发电以及其他电源的发电量、装机。需要满足以下要求：

（1）根据电力需求和各种需求的负荷特点测算出未来电力负荷需求。

（2）根据各类型电力企业的运行大数据信息，整理出各种电影的供应特性、成本信息。依据电力负荷需求以及各种电源的供应特性，建立优化模型，测算满足电力负荷需求的最优电源电量结构。热电联产机组按照以热定电的原则计算电量。

（3）根据电源结构，按照发电小时设定测算所需电源装机结构。

（4）根据电源电量预测结果测算所需的煤炭、天然气数量，及污染物（CO_2、SO_2、NO_X 和 $PM_{2.5}$）排放水平。

（5）预测煤电、气电、水电、核电、风电、光伏、生物质发电的未来发电成本，测算单位电量的平均成本。

3.3.11 终端能源需求核算子系统

终端能源需求是指经济生产、生活中直接消耗的能源，包括直接使用的煤、油品、天然气、电力、热力等。该子系统主要包括 3 个模块：终端能源需求核算模块、终端用能成本核算模块、终端用能效率核算模块。

（1）终端能源需求核算模块

按照农业、钢铁、建材、化工、其他工业、交通运输、其他第三产业、居民生活的口径核算终端能源需求总量、分品种能源需求、污染物（CO_2、SO_2、NO_X 和 $PM_{2.5}$）排放量。

（2）终端用能成本核算模块

基于分品种一次能源和二次能源的使用成本，根据分品种终端能源需求量测算终端用能成本。计算各行业用能成本占行业增加值的比重。

（3）终端用能效率核算模块

基于分行业终端能源需求量预测结构，计算单位增加值能耗，计算终端用能效率。

3.3.12 一次能源需求与污染物排放核算子系统

一次能源需求是指煤炭、石油、天然气和非化石能源的消费量，包括一次能源开采后直接使用的能源，以及用于加工转换生成二次能源的投入量。该子系统主要包括 3 个模块：一次能源需求核算模块、一次用能成本核算模块、一次用能效率核算模块。

（1）一次能源需求核算模块

分别核算煤炭、石油、天然气和非化石能源的消费总量，折算成标准煤，计算一次能源需求总量，计算污染物（CO_2、SO_2、NO_X 和 $PM_{2.5}$）排放量。

（2）能源利用综合成本核算模块

基于分品种一次能源的消费量和使用成本，计算能源利用综合成本。计算综合用能成本占全国 GDP 的比重、计算平均用能价格（元/吨标准煤）。

（3）一次能源利用效率核算模块

基于单位 GDP 的能耗、单位 GDP 的污染物（CO_2、SO_2、NO_X 和 $PM_{2.5}$）排放量。

3.4 经济—能源—环境政策情景设置子系统构建

为便于利用该模型系统开展情景分析，要求将分散在各子系统中的重要情景变量、参数、政策提取出来，集成到统一界面上。主要包括5个模块：社会发展情景设置模块、经济增长情景设置模块、能源价格情景设置模块、重要技术参数设置模块、重大政策参数设置模块。

（1）社会发展情景设置模块

该模块设置的情景变量主要包括人口、城镇化率、人均住房面积、千人汽车保有量、城镇人口气化率等，未来具有拓展性。这些变量的冲击可直接链接到相应模块的相应变量，从而引起整个模型的结果作出相应调整。

（2）经济增长情景设置模块

该模块设置的情景变量主要包括GDP年均增速、三产比重（不变价）、重点产业增加值增速等，未来具有拓展性。这些变量的冲击可直接链接到相应模块的相应变量，从而引起整个模型的结果作出相应调整。

（3）能源价格情景设置模块

该模块需要设置的情景变量主要包括动力煤市场均价、焦煤市场均价；国际油价（Brent）、国际天然气亚洲市场价格、国内各省门站价均价、风电上网电价、光伏上网电价等，未来具有拓展性。这些变量的冲击可直接链接到相应模块的相应变量，从而引起整个模型的结果作出相应调整。

（4）重要技术参数设置模块

该模块需要设置的技术参数变量主要包括钢铁行业长流程炼钢比重、水泥熟料比、合成氨工艺路线比例、甲醇工艺路线比例等，未来具有拓展性。这些变量的冲击可直接链接到相应模块的相应变量，从而引起整个模型的结果作出相应调整。

（5）重大政策情景设置模块

该模块需要设置的政策情景变量主要包括散煤替代领域，交通领域燃油替代领域，电力行业非化石替代领域，煤制油、气、烯烃的发展规模等，未来具有拓展性。这些变量的冲击可直接链接到相应模块的相应变量，从而引起整个模型的结果作出相应调整。

3.5 经济—能源—环境预测与政策仿真模型交互子系统

为了便于模型的广泛应用，需要建立模型交互子系统，主要包括 3 个模块：经济—能源—环境预测与政策仿真模型系统说明模块、情景设置窗口模块、模型结果展示模块。

（1）系统说明模块

包括系统框架图、模型功能说明、模型操作简单说明、并以适当形式突出显示系统对各子系统的文字说明。

（2）情景设置窗口模块

具有情景设置命名功能。能将政策情景设置子系统中的 5 个模块中的政策设置变量依次展示出来，便于用户直接利用模型开展情景设置。

（3）模型结果展示模块

将模型各子系统的计算结果分别展示出来。具有情景结果存储和下载功能。可以展示两个情景的主要结果的偏差。

3.6 经济—能源—环境预测与政策仿真模型
自定义管理子系统

支持用户对本分析模型的分析计算函数进行管理。子系统包括以下功能模块：

（1）分析函数编辑模块

支持用户对本分析模型已有的各分析函数进行调整或修改，包括对函数的参数、计算方法等进行修改，以便函数适应相应的分析应用场景。

（2）分析函数自定义模块

支持用户根据分析需求或模型新算法编制新的分析函数，并保存到对应的模型分析函数列表中；支持用户删除不再使用的分析函数。

（3）常用函数定义模块

支持用户将分析模型下的函数定义为常用函数，可以快速选择并记录该用户常用的模型参数。

（4）分析函数验证模块

支持用户通过导入测试数据对调整后或新增的分析函数的功能、执行结果等进行验证，确保分析函数的准确性和科学性。

第4章 "十四五"时期中国能源发展预测及2035年展望

"十四五"时期是我国全面建成小康社会、实现第一个百年奋斗目标之后,乘势而上开启全面建设社会主义现代化国家新征程、向第二个百年奋斗目标进军的第一个五年。展望2035年,我国经济实力、科技实力、综合国力将大幅跃升,经济总量和城乡居民人均收入将再迈上新的大台阶,关键核心技术实现重大突破,进入创新型国家前列;广泛形成绿色生产生活方式,碳排放达峰后稳中有降,生态环境根本好转,美丽中国建设目标基本实现等。为助力构建新发展格局,保障"十四五"及中长期我国经济社会发展的用能需求,本章充分考虑碳达峰、碳中和目标为构建清洁低碳、安全高效的能源体系提出的明确时间表要求,运用经济—能源—环境预测与政策仿真模型系统对能源总体及分品种"十四五"时期能源发展预测与形势研判,并展望到2035年,为我国能源高质量发展宏观战略与路线图制定提供重要参考依据。

4.1 "十四五"时期能源行业预测及2035年展望

4.1.1 "十三五"能源运行特征

"十三五"时期,我国能源在党中央"创新、协调、绿色、开放、共享"五大发展理念和习近平总书记"四个革命、一个合作"能源战略思想指导下质、量齐增,能源发展方式由粗放增长向集约增长转变,能源结构由煤炭为主向多元化转变,能源发展动力由传统能源增长向新能源增长转变,节能降耗取得了显著成效,能源生产和消费都发生了巨大变革。

(一) 能源消费得到有效控制,增速有所放缓

"十三五"以来,我国能源领域严格落实能源消费总量和强度"双控"制度,能源消费总量增速明显放缓,总量控制在 50 亿吨标煤以内。我国能源消费总量由 2015 年的 43.0 亿吨标准煤缓慢增加至 2020 年的 49.8 亿吨标准煤,年均增速为 3.0%,比 2005—2015 年的年均增速低了 2.2 个百分点,形成了以较低的能源消费增速支撑经济中高速增长的良好发展态势。分能源品种来看,煤炭消费量由 2015 年的 39.7 亿吨下降至 2017 年 38.6 亿吨,而后增加至 2019 年的 40.1 亿吨,年均增速仅为 0.3%。原油表观消费量由 2015 年的 5.47 亿吨增加到 2019 年的 6.96 亿吨,年均增速为 6.2%。天然气表观消费量由 2015 年的 1932 亿立方米增加到 2019 年的 3067 亿立方米,年均增速为 12.2%。全社会用电量由 2015 年的 5.55 万亿千瓦时增加到 2020 年的 7.51 万亿千瓦时,年均增速为 6.2%。

(二) 能源生产总量稳定增长,供需总体宽松

"十三五"期间,我国积极推进油气增储上产和清洁能源消纳,加强能源输送设施建设,保障了能源安全生产和有效供给,能源生产总量由 2015 年的 36.2 亿吨标准煤下降至 2016 年的 34.6 亿吨标准煤,而后再上升至 2019 年的 39.7 亿吨标准煤,年均增速为 2.3%,比 2005—2015 年年均增速低了 2.4 个百分点。分能源品种来看,原煤产量由 2016 年 34.1 亿吨增加到 2020 年的 38.4 亿吨,年均增速仅为 0.9%。原油产量由 2015 年的 2.15 亿吨下降至 2018 年的 1.89 亿吨,而后油气生产企业不断加大勘探开发力度，连续两年企稳回升，增加至 2020 年的 1.95 亿吨，年均增速下降 1.9％。天然气产量由 2015 年的 1346.1 亿立方米增加至 2018 年的 1888.5 亿立方米，年均增速达到 6.7％，连续 4 年增产超过 100 亿立方米。全口径发电量由 2015 年的 56184 亿千瓦时增加到 2020 年的 74170 亿千瓦时，年均增速高达 5.8％，其中非化石能源发电量年均增长 10.6％，煤电发电量年均增速为 3.5％。特别地，2020 年页岩油产量超过 100 万吨，页岩气产量达到 200 亿立方米，非常规油气资源规模化开发已成为"十三五"新的增长点。

（三）清洁能源发展加速，能源结构不断优化

在深化能源供给侧结构性改革、优先发展非化石能源等一系列政策措施的大力推动下，我国清洁能源快速发展，能源结构持续优化。清洁能源消费比重进一步提升，天然气、水电、核电、风电等清洁能源消费占能源消费总量比重由 2015 年 17.9％上升至 2020 年 24.5％，上升了 6.6 个百分点；煤炭消费量占能源消费总量比重由 2015 年的 63.7％下降至 2018 年的 56.7％，下降了 7.0 个百分点。清洁电力生产比重大幅提高，非化石能源发电量由 2015 年的 15093 亿千瓦时增加至 2020 年 24493 亿千瓦时，年均增速高达 10.2％，占总发电量的比重由 26.3％增加到 32.1％，提升了 5.8 个百分点，其中水电、核电、风电、太阳能发电量分别增长了 1.2、2.1、2.5 和 6.6 倍。非化石能源发电装机容量也呈现出快速的增长态势，由 2015 年的 51973 万千瓦增加到 2020 年的 95541 万千瓦，占总发电装机容量的比重也由 34.1％提升到 43.4％，提升了 9.3 个百分点，其中水电、核电、风电、太阳能发电装机容量分别增长了 1.2、1.8、2.2 和 6.0 倍。此外，2020 年全国新增非化石能源发电装机容量合计 13450 万千瓦，占全国新增总装机比重 70.5％，远超新增总装机规模的半数以上。

（四）能源利用效率不断提高，节约降耗成效显著

"十三五"以来，我国能源行业大力加强节能及技术攻关，努力提高能效水平，节能降耗不断取得新成效，单位国内生产总值（GDP）能耗持续下降。2016—2020 年万元国内生产总值能耗分别较上年下降 4.8%、3.5%、3.0%、2.6%、0.1%，累计降低了 14.0% 左右。重点高耗能行业能效不断改进，2020 年除了单位 GDP 能耗外，重点耗能工业企业单位电石综合能耗下降 2.1%，单位合成氨综合能耗上升 0.3%，吨钢综合能耗下降 0.3%，单位电解铝综合能耗下降 1.0%，每千瓦时火力发电标准煤耗下降 0.6%。能源加工转换效率呈现出明显上升态势，6000 千瓦及以上电厂供电标准煤耗由 2015 年的 315.4 克/千瓦时下降至 2020 年的 305.5 克/千瓦时，年均下降 1.98 克/千瓦时；新建机组平均供电标准煤耗低于 300 克标准煤/千万时，继续保持世界先进水平；全国电网线路损失率由 2015 年的 6.64% 下降至 2020 年的 5.62%，年均下降 0.2%。此外，各地围绕大气污染防治攻坚任务，扎实推进减煤替代和电能替代，实现了能源清洁利用，2017—2020 年万元国内生产总值二氧化碳排放分别较上年下降 5.1%、4.0%、4.1%、1.0%，其中 2019 年碳排放强度比 2005 年下降 48.1%，超过了 2020 年碳排放强度比 2005 年下降 40%—45% 的目标，扭转了二氧化碳排放快速增长的局面。

（五）能源科技创新动力强劲，技术开发明显增强

"十三五"期间，我国科技创新从"跟跑、模仿"为主，向"创新、主导"加速转变，能源技术多点突破，重大装备国产化取得了积极进展。华龙一号全球首堆、神华宁煤煤制油、柔性直流电网等重大项目成功投产，标志着我国已经自主掌握相关领域的核心技术。建立完备的水电、核电、风电、太阳能发电等清洁能源装备制造产业链，成功研发制造全球最大单机容量 100 万千瓦水电机组，具备最大单机容量达 10 兆

瓦的全系列风电机组制造能力,不断刷新光伏电池转换效率世界纪录。油气勘探开发技术能力持续提高,低渗原油及稠油高效开发、新一代复合化学驱等技术世界领先,海洋深水勘探开发关键技术与装备取得重大进展,页岩油气勘探开发技术和装备水平大幅提升,天然气水合物试采取得成功。清洁高效煤电技术国际领先,燃煤发电空冷、二次再热、循环流化床、超低排放等技术领域处于世界领先。发展煤炭绿色高效智能开采技术,大型煤矿采煤机械化程度达 98%,掌握煤制油气产业化技术。建成规模最大、安全可靠、全球领先的电网,供电可靠性位居世界前列。"互联网+"智慧能源、储能、区块链、综合能源服务等一大批能源新技术、新模式、新业态正在蓬勃兴起。

(六)能源体制改革持续推进,市场化程度不断提升

"十三五"期间,能源重点领域和关键环节市场化改革取得重要进展,改革红利进一步释放,为维护国家能源安全、推进能源高质量发展提供制度保障。电力体制改革迈出重大步伐,电力中长期交易和辅助服务市场实现全国范围全覆盖,启动 8 个现货市场建设试点,推进 483 个增量配电网改革试点,售电公司注册超过 4500 家,投资主体更加多元化。辅助服务市场累计促进增发清洁能源超过 2000 亿千瓦时,增加系统调峰能力超过 5000 万千瓦。油气体制改革取得重大突破,改革油气产品定价机制,推动放开上游勘探开发市场,开展多轮油气探矿权竞争出让,组建国家油气管网公司,推动原油期货成功上市,"X+1+X"市场体系加快形成,制定出台《油气管网设施公平开放监管办法》,推动油气改革进入新阶段。完善油气进出口管理体制,支持符合条件的企业开展原油非国营贸易进口业务,形成了多元、有序、有活力的原油进口队伍。同时,优化用电营商环境,在全国范围内推行低压小微企业用电报装"零上门、零审批、零投资"服务,2019 年底,各直辖市、省会城市实现低压小微企业用电报装"三零"服务,办电时间压缩至 30

个工作日以内。经过大力优化电力营商环境，我国"获得电力"（企业获得电力服务质量）指标进一步提升至全球第 12 位。

（七）国际合作稳步推进，能源安全保障能力明显增强

"十三五"以来，我国西北、东北、西南和海上四大油气进口通道持续推进，陆海内外联动、东西双向开放格局逐步形成，油气进口能力稳步提高。2019 年底中俄东线（北段）天然气管道投运，对东北、华北甚至华东地区形成有力的天然气供应支撑，标志着中国四大进口通道布局基本实现。积极推进"一带一路"沿线国家共商共建共享，能源领域的国际合作不断取得新的突破，中国与阿盟、东盟、非洲和中东欧国家加强合作，建立了四大区域能源合作中心，并已与俄罗斯、蒙古国、缅甸等多个周边国家实现输电线路互联与电力跨境交易，中国、老挝、越南三国四方共同签署了特高压送电谅解备忘录，中国与俄罗斯、土库曼斯坦、哈萨克斯坦、乌兹别克斯坦、缅甸等国实现了油气管道联通等。全球能源治理参与程度加深，成功举办两届中俄能源商务论坛、首届"一带一路"能源部长会议、G20 能源部长会、国际能源变革论坛等重要活动；积极参与联合国、二十国集团、亚太经合组织、金砖国家等多边机制下的能源国际合作，与 90 多个国家和地区建立了政府间能源合作机制，与 30 多个能源领域国际组织和多边机制建立了合作关系。

（八）居民用能条件显著改善，能源普遍服务水平继续提高

把保障和改善民生作为能源发展的根本出发点，在全面建成小康社会和乡村振兴中发挥能源供应的基础保障作用。我国人均装机量、人均用电量均已超过世界平均水平，基本实现生活用电全覆盖。农村居民用电条件继续改善，2016—2019 年我国农网改造升级总投资达 8300 亿元，同时继 2015 年全面解决无电人口问题之后，我国实施了新一轮农村电网改造升级，农村平均停电时间降至 15 小时，综合电压合格率提升到 99.7%。全国农村大电网覆盖范围内全部通上动力电，农村电气

化率达到 18%。因地制宜实施了光伏扶贫工程,每年可产生发电收益约 180 亿元,惠及 400 余万贫困户。持续完善天然气利用基础设施建设,扩大天然气供应区域,提高了民生用气保障能力。此外,北方地区清洁取暖工程强力推进,改善了城乡居民用能条件和居住环境。2017年以来,在各级政府强力推进下,北方地区清洁取暖工程取得显著成效,清洁取暖率超过 60%,较 2016 年至少提高 25 个百分点,替代散烧煤约 1.4 亿吨。煤炭、柴草等固体燃料在家庭炊事用能中的比重也持续下降,室内外空气质量明显改善。截至 2019 年底,北方地区清洁取暖面积达 116 亿平方米,比 2016 年增加 51 亿平方米。

4.1.2 "十四五"能源发展预测

当前和今后一个时期,我国发展仍然处于重要战略机遇期,但机遇和挑战都有新的发展变化。"十四五"时期,我国能源形势的影响因素仍然较为复杂,以下几个方面值得关注:

(一)经济保持平稳发展,能源消费继续增长

"十三五"时期是全面建成小康社会的决胜阶段,我国经济社会各方面稳步发展,为"十四五"时期开启全面建设社会主义现代化国家新征程奠定了坚实基础。展望"十四五"时期,我国经济发展面临着全新的外部环境,新冠肺炎疫情冲击叠加中美经贸摩擦,不确定性和不稳定性显著增加,但是我国经济内涵型增长潜能巨大,一方面,我国的制度优势明显,技术创新的动力强劲,依靠国内深化改革和创新机制驱动经济可持续增长;另一方面,我国拥有庞大的内需市场,世界上最大规模的中等收入群体,教育资源丰富,人力资本优势凸显,拥有非常广阔的发展潜力和空间。与此同时,宏观经济政策的腾挪空间依然比较大。我国的利率水平依然较高,与主要国家有较大的利差,存款准备金率也比较高,货币政策有较大的调控空间;我国的赤字率和债务率比较低,财政政策也有较大的调控余地。综合考虑国内外发展环境和我国发展条件，以及"十四五"时期坚持稳中求进工作总基调，我国经济长期向好的大趋势不会改变，继续保持稳定增长，年均增速有望达到5.5%左右，将由此带动能源消费继续保持增长。

（二）新旧动能转换加快，能源消费新动力不断积聚

近年来，面对当前传统产业增长乏力，高技术产业和以移动互联网、大数据、云计算、人工智能等为代表的新兴产业蓬勃发展，成为支撑我国经济转型升级、提质增效的一股关键力量，并由此带动了电力消费的快速增长。2020年第二产业中高技术及装备制造业用电量较上年增长4.0%，远高于工业用电增速（2.5%），其中计算机通信和其他电子设备制造业、汽车制造业等用电量增长更是保持了10%以上；第三产业中的信息传输软件和信息技术服务业用电量较上年增长23.9%，远高于服务业用电增速（1.9%），其中互联网数据服务业、软件和信息技术服务业等用电量增长更是保持了50%以上。未来这些新兴产业在"中国制造2025"、"互联网＋"行动、国家信息化发展纲要、促进大数据发展行动纲要、新一代人工智能发展规划等系列重大战略和政策措施的支持下，仍将继续保持快速发展，拉动电力消费较快增长。城乡居民生活用电亦成为拉动全社会用电量增长的主要动力，未来随着国家城镇化率和居民生活电气化水平持续提高，城乡居民生活用电量将继续保持快速增长态势。

（三）能源体制改革深水前行，激发能源发展活力

近年来，我国油气改革步伐加快，国家不断出台包括《关于深化石油天然气体制改革的若干意见》在内的多项改革意见和多个专项改革措施，覆盖了上、中、下游各个环节。未来，油气体制改革的重点将集中在政策内容的深化落实方面，更多地采取市场化手段进行放管结合监管，油气全产业链开放竞争的新格局逐步形成。电力体制改革步入全面

加速、纵深推进阶段,市场化交易规模不断扩大,输配电价改革实现全覆盖,建立了科学规范透明的电网输配电价监管框架体系,通过电网成本监审和输配电价核定,逐步建立起了独立的省级电网和区域电网输配电价体系。随着国家对优化电力市场、降低用电价格、改善社会生产成本的需求日趋迫切,电力体制改革的需求在"十四五"期间将不断加深。此外,我国正以更高水平的对外开放为全面深化改革注入新动能,能源领域国际合作是开放的重要内容。《外商投资准入特别管理措施(负面清单)(2018 年版)》取消了对外资投资的诸多限制,如取消了电网建设经营方面必须由中方控股的限制等。"十四五"时期,能源体制改革蹚进"深水区",充分发挥市场在资源配置中的决定性作用,激发能源高质量发展动力活力。

(四)人均能源消费偏低,能源需求仍有较大增长空间

我国人均能源消费仍处于较低位置,未来增长空间可观。现阶段,我国经济总体处于工业化中后期、城镇化快速推进期,但人均用电量等指标距离发达国家仍存在差距,2019 年我国人均用电量约为 5161 千瓦时,与发达国家差距较大,仅为美国的 1/3 左右,日本、德国的 1/2 左右。随着我国经济高质量发展,特别是大数据等战略性新兴产业快速发展,以及居民生活水平和电气化水平的不断提升,都将带动电力消费快速增长。我国天然气人均使用量和占比均处于较低地位,2019 年我国天然气占一次能源消费总量比重为 8.1%,人均天然气消费量约为 220立方米左右,而相应的全球平均水平分别为 24.2% 和 512 立方米,相对于全球平均水平仍有很大的差距。此外,我国与发达国家千人汽车保有量还有比较大的差距,2019 年我国每千人汽车保有量是 173 辆左右,而发达国家千人汽车保有量总体在 500—800 辆的水平,如美国的千人保有量为 837 辆、日本 591 辆、德国 589 辆。随着居民收入不断提高,消费不断升级,城市化逐步推进,我国汽车保有量会持续增长,汽油消费有望保持稳定较快增长。

（五）能源环境约束趋紧，绿色发展比较优势更加凸显

当前，我国经济发展传统竞争优势赖以保持的多种要素约束日益趋紧。能源资源相对不足、环境承载能力较弱，长期积累的环境矛盾正集中凸显，雾霾天气、水体污染、土壤污染日益凸显。如何在能源环境约束趋紧的前提下，积极谋求可持续发展之路，已成为我国高质量发展的当务之急，也是对我国绿色发展提出的新要求。"十四五"随着国家进一步强化了能源资源、生态环境等因素约束，一方面使得传统粗放式的发展道路越走越窄，经济发展已不能再依靠总量扩张，高端绿色转型发展势在必行，另一方面也为经济发展寻求突破，为找到新的增长点提供了契机。与此同时，2020 年联合国大会和气候雄心峰会上，习近平主席宣布了我国"2030 碳达峰，2060 碳中和"目标。这对"十四五"时期我国经济和能源发展提出了更高要求。能源系统将贯穿社会、经济、环境等各个领域，作为当前应对气候、环境问题的主要阵地。"十四五"期间，"清洁、低碳、安全、高效"的能源体系加速构建，绿色发展理念将贯穿于经济社会发展的全过程，成为提升经济发展效益和群众生活质量的重要力量。

根据上述我国宏观经济形势走势和能源需求的主要影响因素分析，综合判断，"十四五"时期，我国能源消费增速减缓的趋势不会改变，单位 GDP 能耗继续快速下降；能源结构持续优化，非化石能源规模继续大幅提升。预计"十四五"期间，我国能源消费总量可控制在 56 亿吨标准煤以内，能源消费年均增长 2.3％左右，单位国内生产总值（GDP）能耗比 2020 年下降 13％左右，非化石能源消费占比有望超过 20％。

4.1.3 2035 年能源发展展望

（一）2035 年基本实现社会主义现代化

党的十九大对实现第二个百年奋斗目标作出分两个阶段推进的战略

安排，即到 2035 年基本实现社会主义现代化，到本世纪中叶把我国建成富强民主文明和谐美丽的社会主义现代化强国。展望 2035 年，我国经济实力、科技实力、综合国力将大幅跃升，经济总量和城乡居民人均收入将再迈上新的大台阶，关键核心技术实现重大突破，进入创新型国家前列，实现以国内生产总值（GDP）为引领，带动人均 GDP、全员劳动生产率、居民人均收入、居民人均消费支出，按不变价格到 2035 年比 2020 年再翻一番。

我国具有 2035 年基本实现社会主义现代化的综合要素来源。从增长来源来看，由于我国是世界上国内储蓄率最高的国家之一，又是世界上国内投资率最高的国家之一，实物资本仍然具有保持较高增长潜力。从劳动力要素看，我国劳动力数量有所下降，但是总人口就业率仍保持在 55％以上，其中妇女就业参与率仍保持较高水平，并居世界前列，非农就业人数持续增长，农业就业人数持续下降。从人力资本要素看，我国已经成为世界最大的知识型、技能型、创业型、创新型劳动者大军，劳动技能人数比例明显上升，每年新增劳动力中仅高等院校本专科、研究生毕业生就达 800 万人左右，各类人才规模迅速扩大，实现了从人口红利转向人才红利。我国已经进入创新驱动发展的重要阶段，全要素生产率对经济的贡献率不断提高。按购买力平价（PPP）2017 国际元计算，2019 年中国人均 GDP 仅相当于美国的 25.8％，仍具有极大国际追赶空间。从国内比较看，中西部地区人均 GDP 与沿海地区差距甚大，具有极大国内追赶空间。由此可知，2035 年基本实现社会主义现代化是完全可行的，通过全面深化改革全面对外开放是能够释放中国发展的巨大潜力的。

（二）碳峰值和碳达峰目标对发展提出新要求

绿色低碳发展有利于推动经济社会发展全面转型，对我国长远的可持续发展、高质量发展具有重要意义，更体现了中国主动承担国际责任的大国担当。2020 年 9 月 22 日，习近平总书记在第 75 届联合国大会上发表重要讲话，提出"中国将提高国家自主贡献力度，采取更加有力的政策和措施，二氧化碳排放力争于 2030 年前达到峰值，努力争取 2060 年前实现碳中和"，在此基础上，12 月 12 日习近平总书记进一步宣布：到 2030 年，中国单位国内生产总值二氧化碳排放将比 2005 年下降 65％以上，非化石能源占一次能源消费比重将达到 25％左右，森林蓄积量将比 2005 年增加 60 亿立方米，风电、太阳能发电总装机容量将达到 12 亿千瓦以上。此外，《中共中央关于制定国民经济和社会发展第十四个五年规划和二〇三五年远景目标的建议》提出，到 2035 年，广泛形成绿色生产生活方式，碳排放达峰后稳中有降，生态环境根本好转，美丽中国建设目标基本实现。这为我国经济社会和能源发展工作指明了方向和根本遵循，节能和能源低碳清洁转型为这些目标的实现起到重要的支撑作用。

综合所述，预计 2025—2035 年我国能源消费总量得到有效控制，2030 年我国能源消费总量控制在 60 亿吨标准煤以内，之后进入峰值平台期，2035 年能源消费总量稳定在 60 亿吨标准煤左右；能源结构持续优化，非化石能源规模继续大幅提升，2030 年我国非化石能源消费占比有望超过 25％以上，2035 年非化石能源消费占比增至 35％左右。

4.2 "十四五"时期煤炭行业预测及 2035 年展望

4.2.1 "十三五"煤炭运行特征

"十三五"时期，煤炭行业总体呈现需求稳步上升、生产投资缓中趋稳、产量逐渐恢复到历史高位、价格中枢逐渐抬升、产能集中度继续上升等特点。

(一)煤炭需求稳步上升

经济增长持续带动煤炭消费小幅上升。随着工业化和城镇化的快速推进,电力消费、房地产投资和基础设施建设等不断增加,煤炭作为我国主体能源,其需求量持续增长,并在 2013 年首次达到峰值。煤炭消费量首次达峰后,受我国宏观经济下行和主要高耗能行业单耗水平下降影响,我国煤炭消费量不断下降。2014—2016 年,煤炭消费量增速分别为-2.9%、-3.7%和-4.7%。2017 年后,煤电、钢铁等主要耗煤行业产量回升,尤其是电力需求超预期增长,导致近年来我国煤炭消费量有所反弹,2017—2019 年,煤炭需求增长分别为 0.4%、1.0%和1.0%。"十三五"时期前四年,我国煤炭消费始终保持我国煤炭消费量从 27.5 亿吨标准煤小幅上升到 28.1 亿吨标准煤。在低碳发展战略推动下,清洁能源和可再生能源快速发展,推动我国煤炭占能源消费总量不断下降。截至 2019 年,我国煤炭占能源消费总量比重已下降到 57.7%,相比 2016 年下降 4.5 个百分点。

采矿业煤炭消费量自 2013 年达峰后稳步下降。2013—2018 年,采矿业煤炭消费量从 39165 万吨下降到 26064 亿吨,采矿业占全国煤炭消费量比重从 9.2%下降到 6.4%。"十三五"前三年采矿业煤炭消费量年均增速-4.8%,相比"十一五"、"十二五"时期,年均增速分别下降11.4、13.1 个百分点。

石油、煤炭及其他燃料加工业煤炭消费量时隔 4 年后再创新高。石油、煤炭及其他燃料加工业煤炭消费量在 2014 年达到 47774 万吨高点后陆续下降,2015、2016、2017 年煤炭消费量分别下降到 47400 万吨、46161 万吨、44845 万吨,2018 年,煤炭消费量时隔 4 年后再创新高,猛增到 48515 万吨,占全国煤炭消费量比重上升到 12%。"十三五"前三年石油、煤炭及其他燃料加工业煤炭消费量年均增速为 0.78%,相比"十一五"、"十二五"时期,年均增速分别下降 16.0、16.9 个百分点。

化学原料及化学制品制造业煤炭消费量自 2015 年达峰后持续下降。2015—2018 年间，化学原料及化学制品制造业煤炭消费量从 29977 万吨下降到 23504 万吨，化学原料及化学制品制造业占全国煤炭消费量比重从 7.6% 下降到 6.7%。"十三五"前三年化学原料及化学制品制造业煤炭消费量年均增速为 -7.8%，相比"十一五"、"十二五"时期，年均增速分别下降 15.7、16.9 个百分点。

非金属矿物制品业煤炭消费量自 2014 年达峰后快速下降。2014—2018 年间，非金属矿物制品业煤炭消费量从 33015 万吨下降到 24321 万吨，非金属矿物制品业占全国煤炭消费量比重从 7.9% 下降到 7.6%。"十三五"前三年非金属矿物制品业煤炭消费量年均增速 -8.0%，相比"十一五"、"十二五"时期，年均增速分别下降 15.7、17.6 个百分点。

黑色金属冶炼及压延加工业煤炭消费量自 2013 年达峰后缓慢下降。2013—2018 年间，黑色金属冶炼及压延加工业煤炭消费量从 34531 万吨下降到 29308 万吨，黑色金属冶炼及压延加工业占全国煤炭消费量比重从 8.4% 下降到 7.9%。"十三五"前三年黑色金属冶炼及压延加工业煤炭消费量年均增速为 -4.4%，相比"十一五"、"十二五"时期，年均增速分别下降 15.9、17.0 个百分点。

有色金属冶炼及压延加工业煤炭消费量加速上升。2016—2018 年间，有色金属冶炼及压延加工业煤炭消费量从 15656 万吨增长到 21888 万吨，有色金属冶炼及压延加工业占全国煤炭消费量比重从 3.7% 上升到 4.1%。"十三五"前三年，有色金属冶炼及压延加工业煤炭消费量年均增速为 14.7%，相比"十一五"、"十二五"时期，年均增速分别上升 4.3、3.1 个百分点。

电力、热力的生产和供应业煤炭消费量缓慢上升。2016—2018 年间，电力、热力的生产和供应业煤炭消费量从 169441 万吨增长到

192239 万吨,电力、热力的生产和供应业占全国煤炭消费量比重从 41.7% 上升到 44.1%。"十三五"前三年,电力、热力的生产和供应业煤炭消费量年均增速为 5.1%,相比"十一五"、"十二五"时期,年均增速分别下降 8.0、9.7 个百分点。

煤炭进口量再次达到 3 亿吨。"十三五"期间,进口煤炭的质量和价格优势,使得我国煤炭进口量不断攀升。2016—2020 年,煤炭进口量从 2.55 亿吨上升到 3.04 亿吨,煤炭进口量继 2013 年后时隔 7 年再次达到 3 亿吨。"十三五"期间,我国煤炭进口量年均增速 8.3%,平均每年进口煤炭 2.8 亿吨,相比"十二五"时期,每年煤炭进口量增加 1577 万吨。

(二)煤炭生产投资缓中趋稳

行业增加值增速由负转正。在经历两年负增长后,"十三五"中后期行业增加值加速回升。由于前期产能过剩叠加需求不足,煤炭行业在 2016 和 2017 年经历了历史上少有的衰退期,煤炭行业增加值实际增速分别为 −1.5% 和 −2.1%。在供给侧结构性改革政策红利下,煤炭行业增加值增速在 2018 年后加速上升,2018 年和 2019 年,煤炭行业增加值增速分别为 2.2% 和 5.5%。受新冠肺炎疫情影响,2020 年煤炭行业增加值增速有所回落,为 1.7%。

行业规模占比减少。由于煤炭行业增加值增速一直小于 GDP 实际增速,使得煤炭行业增加值占 GDP 比重呈不断下降趋势。2017 年煤炭行业增加值为 1.18 万亿元,行业增加值占当年 GDP 比重为 1.35%,相比 2012 年,煤炭行业增加值占 GDP 比重减少 0.72 个百分点。截至 2020 年末,煤炭开采和洗选业规模以上工业企业单位数为 4245 个,煤炭开采和洗选业占规上工业企业单位数比重为 1.11%,相比 2015 年末,企业单位数减少 1679 个,占规上工业企业单位数比重减少 0.44 个百分点。2020 年末,煤炭开采和洗选业规模以上工业企业资产总计为

58383 亿元，行业资产占工业企业资产总计比重为 4.45％，相比 2015 年末，行业资产增加 2595 亿元，行业资产占工业企业资产总计比重减少 0.8 个百分点。

固定资产投资逐渐企稳。受"十二五"时期煤炭价格不断下跌影响，"十三五"初期煤炭行业固定资产投资延续"十二五"时期的下降趋势，2017 年煤炭行业固定资产投资下探到 2648.4 亿元，是自 2008 年以来最低点。2017 年宏观经济转暖带动煤炭行业固定资产投资探底回升，2018 年煤炭行业固定资产投资增速是自 2013 年以来首次为正，达到 5.9％，2019 年煤炭行业固定资产投资加速上涨，达到 29.6％，2020 年受全球新冠肺炎疫情和前期基数较高影响，煤炭行业固定资产投资增速略有下降，达到－0.7％。

企业间重组步伐持续加快。为加快推动煤炭行业转型升级，发挥规模经济效益、提高煤炭生产效和供给质量，加强周期性风险抵御能力，我国持续推进煤炭企业兼并重组。"十三五"期间煤炭企业重组步伐持续加快，2017 年 8 月，中国国电集团与神华集团合并重组为国家能源投资集团，总资产有望超过 1.8 万亿元，煤炭年产能近 10 亿吨；2020 年 4 月，山西焦煤集团与山煤集团合并重组为山西焦煤集团，重组后的山西焦煤集团资产总额 4416.4 亿元，煤炭产能约 2 亿吨；7 月，山东能源集团与兖矿集团联合重组为新山东能源集团，重组后的新山东能源集团资产总额 6300 多亿元，煤炭年产能近 3 亿吨；10 月，同煤集团、晋煤集团、晋能集团联合重组为晋能控股集团，重组后的晋能控股集团资产总额达到 1.11 万亿元人民币，煤炭产能约 4 亿吨。

煤矿智能化发展呈现良好态势。随着 5G 等信息技术的迅猛发展和煤炭产业集中度的提升，煤炭智能化建设基础不断夯实，在国家、地方和煤企共同合力推动下，我国煤矿智能化建设如火如荼。2020 年 3 月，国家发展改革委等 8 部委联合发布《关于加快煤矿智能化发展的指导意见》，明确了煤炭智能化发展的总体思路和主要任务措施，河南、山东、山西、内蒙古、安徽、贵州等省区先后出台煤矿智能化发展规划，科学引导煤矿智能化发展的进度和规模，国家能源集团、中煤集团、山东能源集团等大型煤企也相应拟定了实施方案，进一步落实了煤矿智能化的建设任务、技术体系和建设进度。

（三）原煤产量逐渐恢复到历史高位

原煤产量达到近年来最低点后反弹。2016 年，受结构性改革五大任务之一的"去产能"政策的影响，原煤产量同比下降 3.3 亿吨，比上年下降 9％，达到 2010 年以来的最低点。2017 年，宏观经济明显好转，实现 2011 年经济增速下行以来的首次回升，带动原煤需求回暖，全年原煤产量 35.2 亿吨，比上年增长 3.3％，是自 2014 年以来首次正增长。随后两年，煤炭产量持续增长，2020 年受新冠肺炎疫情全球大流行冲击，煤炭产量略有下降。

原煤产量总体保持高位。"十三五"时期，我国原煤累计产量 220.7 亿吨，相比"十二五"时期减少 6.7 亿吨。2016—2020 年间，我国原煤产量从 34.1 亿吨增长到 48.4 亿吨，"十三五"年均增速 0.47％，年均增速相比"十二五"时期减少 1.3 个百分点。

原煤产量波动幅度加大。"十三五"时期，我国原煤产量年度之间波动较大，最高产量为 2019 年的 38.46 亿吨，最低产量年份为 2016 年的 34.11 亿吨，极差为 4.35 亿吨，相比"十二五"时期极差提高 2.08 亿吨。

（四）煤炭价格中枢逐渐抬升

结束了"十二五"时期煤炭价格单边下降走势，"十三五"时期，煤炭价格中枢逐渐抬升。2015 年四季度秦皇岛动力煤（山西产 Q5500）市场价格下探到 427 元/吨，达到 2007 年以来的最低点。"十三五"时期前期，受"去产能"政策影响，煤炭价格开始快速上升，2017—2019

年间，秦皇岛 Q5500 动力煤市场价格保持在 600 元/吨上下波动，2020 年受新冠肺炎疫情影响，煤炭价格开始剧烈波动。2020 年一季度前期，受疫情影响，国民经济活动在一段时间内的中断，煤炭需求下降导致煤炭价格缓慢上涨。秦皇岛动力煤（山西产 Q5500）价格从年初 549.5 元缓慢上涨至 2 月下旬的 573.5 元/吨。2 月下旬后，煤炭行业供给端的快速恢复，受需求恢复速度不及供给恢复速度等因素影响，煤炭价格从 3 月份开始不断下降。随着电厂库存累积不断上升、大型煤企大幅下调煤价，悲观情绪在市场进一步蔓延，导致价格进一步下降，动力煤价格已接近长协价格规定的蓝色区间下沿。2020 年二季度秦皇岛动力煤（山西产 Q5500）市场价格下探到 456 元/吨，达到 2016 年四季度以来的最低点。随后，受国内新冠疫情逐步趋稳和逆周期政策不断出台的带动，国内煤炭需求明显改善，带动煤炭价格上涨。进入三季度，电厂主动去库，港口价格回落，9 月旺季结束后受产地供应偏紧、调入减少、港口库存持续下降等因素影响，煤价保持强势，并不断创下新高。2020 年底，秦皇岛动力煤（Q5500，山西产）市场价格从 11 月底的 600 元/吨迅速上涨到 12 月底的 1000 元/吨，上涨幅度高达 400 元/吨。随后受国内产量和进口大幅提升影响，煤炭价格急剧回落，截至 2021 年 2 月 22 日，秦皇岛动力煤（Q5500，山西产）市场价格已回到 612.5400 元/吨。

（五）煤炭产能集中度继续上升

"十三五"期间，在"去产能"政策优化存量资源配置，扩大优质增量供给的要求下，煤炭生产重心越来越向晋陕蒙等资源禀赋好、竞争能力强的地区集中，煤炭小省进一步减产，我国煤炭产能集中度继续上升。截至 2020 年末，山西、内蒙古、山西等三大原煤主产区原煤产量总量为 27.4 亿吨，占全国原煤产量比重为 71.4%，相比 2015 年，三大主产区原煤产量占全国比重上升 7.0 个百分点。其中，山西和内蒙古两地原煤产量在"十三五"都达到 10 亿吨新高，山西省原煤产量也接近

7 亿吨。2020 年末,山西原煤产量 10.6 亿吨,占全国比重 27.7%,山西占全国原煤产量比重相比"十二五"时期提高 2.0 个百分点;2020年末,内蒙古原煤产量 10.0 亿吨,占全国比重 26.0%,山西占全国原煤产量比重相比"十二五"时期提高 1.5 个百分点;2020 年末,陕西原煤产量 6.8 亿吨,占全国比重 17.7%,山西占全国原煤产量比重相比"十二五"时期提高 3.5 个百分点。

"十三五"期间,原煤产量继续增加的省份有 7 个。新疆原煤产量年均增速最高,达到 10.9%,其次为青海,原煤产量年均增速为7.1%,年均增速排名第 3—7 位的省份依次是山西、陕西、宁夏和内蒙古,"十三五"期间这四个省份原煤增速分别为 5.8%、5.4%、3.9%、3.6%。

北京按计划在 2020 年全部退出煤矿生产,成为我国第七个不生产煤矿的省份。"十三五"期间,我国产煤省区由 25 个减少为 24 个,在24 个产煤省区中,有 20 个省区月均产量不足 1000 万吨。"十三五"期间,分地区煤炭产量减产幅度排名前五位依次是湖北、江西、四川、重庆、湖南,其煤炭产量年均下降速度分别为 40.7%、27.8%、18.7%、17.2%、16.5%。

4.2.2 "十四五"煤炭发展预测

为确保实现 2030 年"碳达峰"目标和 2060 年"碳中和",我国将制定"十四五"应对气候变化的专项规划,出台一系列配套政策。煤炭作为我国最主要的碳排放来源,相关政策将会对煤炭需求形成巨大压力。同时,随着我国经济增速进一步回落、新旧动能加快转换和安全高效的能源供给体系建设,煤炭消费占能源消费比重将继续呈现整体下降的趋势。综合考虑未来我国宏观经济形势和主要耗煤行业发展和技术进步,预计"十四五"时期,煤炭消费量年均增速为 0.9%。2025 年末煤炭占能源消费总量比重为 50.5%。

在宏观经济增速持续放缓和环保政策影响下，我国主要耗煤行业产出增速持续放缓、单位产出煤耗不断减少。"十四五"时期，我国主要耗煤行业中，除有色金属冶炼及压延加工业和电力、热力生产和供应业的煤炭消费量还继续增加外，采矿业、石油煤炭及其他燃料加工业、化学原料及化学制品业、非金属矿物制品业、黑色金属冶炼及压延加工业等行业煤炭消费量继续下降。其中，"十四五"时期，有色金属制造业和电力、热力生产和供应业的煤炭消费量年均增速分别为 5.5% 和 3.2%，2025 年末，有色金属冶炼及压延加工业和电力、热力生产和供应业占煤炭消费量比重分别为 6.9% 和 55.6%；采矿业、石油煤炭及其他燃料加工业、化学原料及化学制品业、非金属矿物制品制造业、黑色金属冶炼及压延加工业等行业煤炭消费量年均增速分别为 −3.6%、−1.7%、−2.0%、−2.6%、−3.9%，其行业煤炭消费量占全国比重分别为 7.2%、13.8%、9.3%、6.7%、7.5%。

4.2.3 2035 年煤炭发展展望

展望 2035 年，我国煤炭消费量将在 2030 年达峰，峰值为 40.8 亿吨。其中，"十五五"和"十六五"时期，煤炭消费量年均增速分别为 0.8%、−0.7%。2030 年末、2035 年末煤炭占能源消费总量比重分别为 48.0%、43.0%。

"十五五"和"十六五"时期，采矿业煤炭消费量年均增速分别为 −2.5% 和 −2.2%，2030 年末和 2035 年末，采矿业占全国煤炭消费量比重分别为 4.9% 和 4.5%；"十五五"和"十六五"时期，石油煤炭及其他燃料加工业煤炭消费量年均增速分别为 −2.4% 和 −1.4%，2030 年末和 2035 年末，石油煤炭及其他燃料加工业占全国煤炭消费量比重分别为 10.3% 和 9.9%；"十五五"和"十六五"时期，化学原料及化学制品业煤炭消费量年均增速分别为 −1.2% 和 −1.0%，2030 年末和

2035 年末，化学原料及化学制品业占全国煤炭消费量比重分别为 7.3％ 和 7.1％；"十五五"和"十六五"时期，非金属矿物制品业煤炭消费 量年均增速分别为－2.9％和－3.1％，2030 年末和 2035 年末，非金属 矿物制品业占全国煤炭消费量比重分别为 4.6％和 4.1％；"十五五"和 "十六五"时期，黑色金属冶炼及压延加工业煤炭消费量年均增速分别 为－2.8％和－1.7％，2030 年末和 2035 年末，黑色金属冶炼及压延加工 业占全国煤炭消费量比重分别为 4.9％和 4.7％；"十五五"和"十六五" 时期，有色金属冶炼及压延加工业煤炭消费量年均增速分别为 2.4％和 －0.3％，2030 年末和 2035 年末，有色金属冶炼及压延加工业占全国 煤炭消费量比重分别为 7.5％和 7.6％；"十五五"和"十六五"时期， 电力、热力生产和供应业煤炭消费量年均增速分别为 2.5％和－0.2％， 2030 年末和 2035 年末，电力、热力生产和供应业占全国煤炭消费量比 重分别为 60.5％和 62.0％。

4.3 "十四五"时期石油行业预测及 2035 年展望

4.3.1 "十三五"石油运行特征

"十三五"时期，石油行业总体呈现原油生产稳中有降，加工量加 速增长；原油需求加速增长，对外依存度持续攀升；经济平稳增长和能 源替代推动成品油消费呈分化趋势；成品油产量增速放缓，出口持续增 长；国际油价震荡上行，国内成品油价格先涨后跌；石油领域体制改革 全面推进，行业壁垒加速打破等特点。

(一) 原油生产稳中有降，加工量加速增长

"十三五"时期，在国际低油价环境下，国内油企更加注重提高生 产效益，进一步压减低效、无效产量，实施计划性减产，我国原油产量稳中有降，年均降幅为 1.9%，较"十二五"时期下降 3.0 个百分点。2016 年，在国际油价持续低位窄幅震荡的影响下，老油田纷纷调减高成本产量，当年原油产量仅为 19968.5 万吨，同比下降 6.9%，成为 2010 年以来年产量首次低于 2 亿吨，并且首次出现年降幅超过千万吨的情况。此后，在保障能源安全的形势下，国内油气投资自 2018 年下半年进入了新一轮的政策驱动期，同时，2019 年负面清单进一步取消了石油天然气勘探开发限于合资、合作的限制，将 2018 年版自贸试验区外资准入负面清单试点的石油天然气勘探开发等开放措施推向全国，自此我国石油产业全面开放，石油投资和生产力度持续加大。据自然资源部数据显示，2019 年，全国油气勘查、开采投资分别为 821.29 亿元和 2527.10 亿元，同比分别增长 29.0% 和 24.4%，勘查投资达到历史最高，石油产量止跌回稳。

与此同时，受原油"双权"放开的刺激，叠加汽车和航空需求的拉动，"十三五"时期，我国原油加工呈现加速上升的趋势，年均增速达到 5.3%，较"十二五"时期上升 1.0 个百分点。其中 2016 年，我国原油加工量为 5.41 亿吨，虽然同比下降 2.8%，但山东原油加工量达到 1.01 亿吨，成为首个原油加工量突破亿吨的地区。之后，原油加工量加速增长，2017 年、2018 年和 2019 年增速分别达到 5.0%、6.8% 和 7.6%。

2020 年，新冠肺炎疫情对我国经济造成前所未有的冲击。随着我国科学统筹疫情常态化防控和经济社会发展，生产生活秩序恢复良好，我国原油生产保持平稳，但原油加工增速有所回落。据国家统计局数据显示，2020 年，原油产量 19492 万吨，同比增长 1.6%，较去年同期上升 0.8 个百分点；原油加工量 6.74 亿吨，同比增长 3.0%，较去年同期回落 4.6 个百分点。

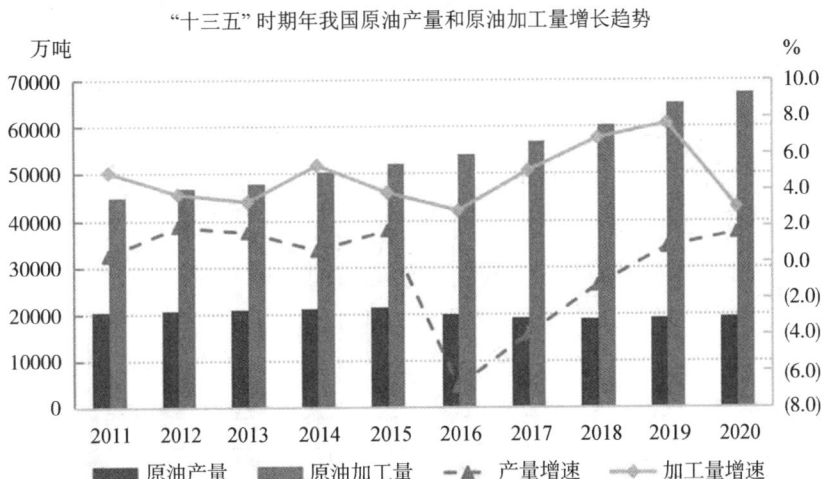

"十三五"时期年我国原油产量和原油加工量增长趋势

图 4-1 "十三五"时期年我国原油产量和原油加工量增长趋势

(二)原油需求加速增长,对外依存度持续攀升

原油进口加速增长,对外依存度持续攀升。进口原油使用权和原油进口权放开落地推动原油需求的快速增长,表观消费量和进口数量年均增速分别达到 6.1% 和 5.6%,分别较"十二五"时期上升 1.6 和 5.7 个百分点。2016 年,补充石油储备进一步推动原油进口大幅增长,进口量达到 3.81 亿吨,同比增长 13.6%,达到近十年来的最高值,并推动我国原油表观消费量达到 5.78 亿吨。之后,原油进口资质持续放开以及炼油能力快速增长,带动原油进口量继续大幅增加,2019 年进口量达到 5.06 亿吨,推动表观消费量达到 6.96 亿吨。2020 年突如其来的新冠疫情导致全球需求大幅下降,抑制原油需求,然而国际原油价格暴跌,石油存储需求带动原油消费大幅增长;与此同时,在国际低油价的影响下,进口利润扩大提振市场信心,原油进口量显著增加。全年原油表观消费量达到 7.37 亿吨[①],同比增长 5.9%;原油进口 5.42 亿吨,

---

① 自 2020 年 1 月起,海关没有公布原油出口数据,此值没有扣除出口值。与进口相比,我国原油出口微乎其微,不影响整体结果。

同比增长 7.3%，较去年同期回落 2.2 个百分点，按金额计算，原油进口额达到 1763.2 亿美元，同比下降 26.9%。受原油进口大幅增长影响，我国原油对外依存度持续上升，初步估计 2020 年对外依存度为 73.6%，较 2016 年提升 7.6 个百分点。

"十三五"时期我国原油进口数量及增速

图 4-2 "十三五"时期年我国原油进口及增速趋势

(三) 经济平稳增长和能源替代推动成品油消费呈分化趋势

"十三五"时期，受我国经济平稳增长和能源结构深度调整的影响，成品油消费市场保持稳步增长的态势，但油品分化趋势严重。据国家发改委运行局数据显示，"十三五"前四年成品油年均消费增速约为 4.5%，2019 年成品油表观消费量约为 3.30 亿吨，同比增长 1.4%，较上年增幅收窄 4.4 个百分点。在我国能源结构进入深度调整期，清洁替代能源快速发展的大背景下，汽油消费量受乘用车销量增速回落、限行限售、新能源汽车与共享出行等因素的影响，增长趋势持续放缓，2019 年汽油消费增速为 2.3%，较 2018 年增幅收窄 5.5 个百分点。在工业需求波动的影响下，柴油消费震荡性增强；同时航空市场和货运周转量的快速发展，带动煤油需求强劲，消费量持续高速增长。

然而，2020 年在全球需求疲软的影响下，主要成品油消费量锐减。

为应对国际公共卫生突发事件，国内企业延迟复工复产，国家对高速公路和普通公路实行交通管制；同时，随着海外疫情呈蔓延之势，防控形势日益严峻，全球经济面临严重衰退，其中交通运输业首当其冲，成品油消费需求锐减。2020 年前三季度，我国成品油表观消费量为 24930 万吨，同比下降 2.6%，其中，航空煤油的大幅下降是导致成品油下降的主要因素，同比下降 35.9%，汽油和柴油则小幅上涨，前三季度分别增长 0.7% 和 2.0%。

新冠肺炎疫情冲击了全球产业链和各国经济的稳定，全球贸易萎缩，市场需求疲弱进一步加剧。随着我国复工复产的有序推进，尽管多种扩大内需举措纷纷出台，但消费动能不足的情况没有改变。此外，我国乘用车销量大幅下滑和电动车的加速发展，推动汽油需求锐减。据中汽协数据显示，2020 年，我国汽车销量为 2531.1 万辆，同比下降 1.9%，其中乘用车销量 2017.8 万辆，同比下降 6.0%。与此同时，新能源汽车市场规模稳中有升，2020 年新能源汽车产销分别完成 136.6 万辆和 136.7 万辆，同比分别增长 7.5% 和 10.9%。工业生产及物流运输等主要用油行业的低位运行，影响柴油需求持续负增长。在消费信心不足以及海外疫情蔓延，国际航线停运或管制的影响下导致煤油消费低迷。

（四）成品油产量增速放缓，出口持续增长

尽管我国原油加工量加速增长，但成品油产量增速持续放缓，油品分化趋势显著，2020 年疫情大爆发，推动成品油产量大幅下降。据国家发改委运行局数据显示，2018 和 2019 年我国成品油产量分别为 3.68 亿吨和 3.81 亿吨，分别同比增长 6.3% 和 3.6%，增速有所放缓。"十三五"时期，汽油和煤油产量年均增速分别为 1.7% 和 2.1%，分别较"十二五"时期下降 7.8 和 14.3 个百分点。受国内炼厂柴汽比不断下降，柴油资源供应收紧的影响，柴油产量持续萎缩，年均下降 2.5%，较"十二五"时期下降 5.0 个百分点，柴汽比由 2015 年的 1.49 下降至 2020 年的 1.21。2020 年，在疫情影响下，成品油产量整体下滑，上半年成品油产量 1.84 亿吨，同比增长 2.5%，汽油产量萎缩 3.3%，柴油增长 0.1%。全年汽油、柴油和煤油的产量分别是 1.32 亿吨、1.59 亿吨和 0.41 亿吨，分别较上年下降 6.6、4.6 和 23.6 个百分点。

在国内需求增长有限的情况下，成品油出口持续增长。据海关数据显示，2019 年我国成品油出口 6685 万吨，同比增长 14.1%，其中，汽油、柴油和煤油分别出口 1637.1 万吨、2138.0 万吨和 1761.0 万吨，同比分别增长 27.1%、15.4% 和 20.1%。"十三五"期间成品油出口数量年均增长 11.3%，汽油和柴油的年均增速也均达到 22.5%。若不考虑 2020 年特殊因素，成品油出口增速为 16.7%，汽油、柴油和煤油年均增速则分别达到 29.6%、31.4% 和 9.6%。

（五）国际油价震荡上行，国内成品油价格先涨后跌

2016 年，在欧佩克达成限产协议以及全球需求稳定的背景下，国际油价步入上升通道，尽管市场供需宽松，基本面再平衡慢于预期，以及美国页岩油成本降低、效率提高等因素制约了油价上涨空间，但整体的上涨趋势不变。然而，2020 年以来，新冠疫情全球大流行，导致全球经济陷入"二战"以来最严重的衰退，石油需求锐减，全球油价暴跌。2020 年 4 月 20 日，纽约 WTI 原油 5 月合约临近交割前跌至每桶 -37.63 美元的负值，创下近三十年来的最疲软表现。6 月底，伦敦布伦特和纽约 WTI 油价均反弹至每桶 40 美元的水平。11 月 2 日亚洲交易时段，国际油价跌幅一度下跌超过 5%，创下 2020 年 5 月底以来的新低，全球原油市场面临严峻挑战。

国内成品油方面，2016 年 1 月，成品油定价机制进行调整。规定国际油价低于 40 美元/元桶时国内成品油价格不再下调。受新规及国际油价的影响，我国汽油和柴油价格呈现先涨后跌的态势。

图 4-3 "十三五"时期国际油价走势

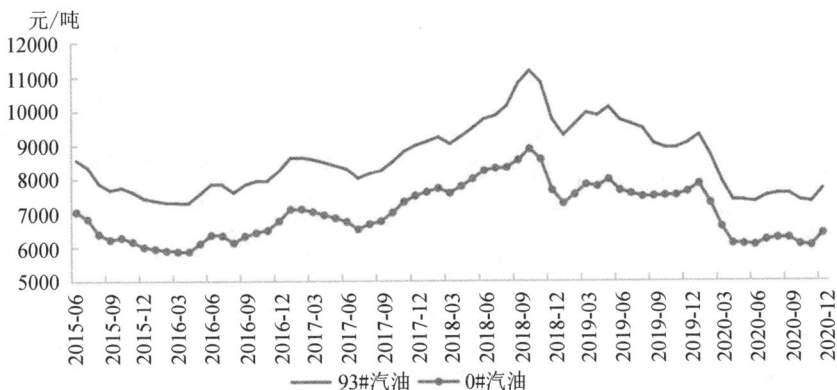

图 4-4 "十三五"时期我国汽柴油零售价格走势

(六) 石油领域体制改革全面推进，行业壁垒加速打破

"十三五"时期，我国主动适应、把握经济新常态，以供给侧结构性改革为主线，按照"全面推进、重点突破、先行试点"的思路，围绕石油行业体制存在的深层次矛盾和问题，在上游勘探及市场准入，中游管网建设以及下游进出口开放、成品油价格机制等方面重点推进，一系列行业壁垒被打破，行业发展活力进一步激发。

在上游勘探及市场准入领域，《能源发展"十三五"规划》《全国矿产资源规划 (2016—2020)》的发布以及《中共中央国务院关于深化石油天然气体制改革的若干意见》《关于推进矿产资源管理改革若干事项

79

的意见（试行）》等政策的落地，推动我国油气勘探开采市场全面开放，这将推动更多市场竞争主体进入我国油气上游领域，提高油气勘探开发效率。在中下游运输及销售领域，2020 年国家管网集团正式并网运营，这意味着天然气管道输送这一中间环节与上游资源、下游销售的分开运营，管网设施将向第三方市场主体公平开放，加速推动我国"X＋1＋X"油气市场化运营机制的形成。原油"双权"改革由破冰到深入推进，以及原油、成品油销售、批发、仓储经营活动"松绑"的系列政策的推动，为我国形成竞争有序、主体多元、透明公开的炼油市场和销售市场提供了制度基础。

表 4 - 1 "十三五"时期我国石油行业的主要政策及事件梳理

时间	出台政策或事件	政策/事件主要内容	解决的问题/主要任务
2015	新疆试点公开招标常规油气区块勘查	国有石油企业、地方能源公司、民营石油化工相关企业均可参与竞标。	放宽油气领域市场准入，逐步放开竞争性领域，推动投资主体多元化。
2016	《全国矿产资源规划（2016—2020）》	加快新疆改革试点及经验总结推广；推进矿业权竞争性出让，建立符合我国特点的新型矿产资源权益金制度。	稳步推进油气勘探开采体制机制改革，逐步放开上游勘探开发市场，引入社会资本，加快勘探开发进程
2016	《矿业权出让制度改革》		
2016	《矿产资源权益金制度改革方案》		
2017	《能源发展"十三五"规划》	深化油气勘查开采、进出口管理、管网运营、生产加工、产品定价体制改革和国有油气企业改革，释放竞争性环节市场活力和骨干油气企业活力，提升资源接续保障能力、国际国内资源利用能力和市场风险防范能力、集约输送和公平服务能力、优质油气产品生产供应能力、油气战略安全保障供应能力、全产业链安全清洁运营能力。	1. 完善并有序放开油气勘查开采体制，提升资源接续保障能力；2. 完善油气进出口管理体制，提升国际国内资源利用能力和市场风险防范能力；3. 改革油气管网运营机制，提升集约输送和公平服务能力；4. 深化下游竞争性环节改革，提升优质油气产品生产供应能力。5. 改革油气产品定价机制，有效释放竞争性环节市场活力。6. 深化国有油气企业改革，充分释放骨干油气企业活力。7. 完善油气储备体系，提升油气战略安全保障供应能力。8. 建立健全油气安全环保体系，提升全产业链安全清洁运营能力。
2017	《石油发展"十三五"规划》		
2017	《能源生产和消费革命战略（2016—2030）》		
2017	《中共中央国务院关于深化石油天然气体制改革的若干意见》		

续表

时间	出台政策或事件	政策/事件主要内容	解决的问题/主要任务
2017	《关于全面深化价格机制改革的意见》	提出坚持市场化方向,进一步完善成品油价格形成机制	成品油定价机制市场化改革
2017	原油期货上市筹备	上海国际能源交易中心正式发布章程、交易规则和多个相关业务细则	实现原油期货交易,推动国内原油、成品油市场化改革
2017	中长期油气管网规划	规划我国油气管网中长期空间布局,建立全国油气基础设施项目库,推进油气管网等基础设施建设和互联互通	改革油气管网运营机制、推进干线管道独立的要求
2018	《关于促进天然气协调稳定发展的若干意见》	全面实行区块竞争性出让,鼓励符合准入要求并获得资质的企业参与常规油气的勘查开采,逐步形成以国企为主导、多种经济成分共同参与的勘查开采体系。	深化油气勘探开发管理体制改革
2018	《油气管网设施公平开放监管办法》	提出油气管网设施公平开放的基础条件、服务的基本要求、信息披露的指标、申请材料与受理流程、合同签订及履行要求、监管措施及法律责任等	推动油气管网改革进程
2018	《外商投资准入特别管理措施》	正式取消外资加油站超过 30 家需中方控股的限制,进一步扩大对外开放,鼓励外资积极进入中国石油行业	进一步扩大下游市场对外开放
2018	原油期货在上海国际能源交易中心上市交易		中国期货市场全面对外开放,增强国际原油市场的话语权和影响
2018	《关于成品油消费税征收管理有关问题的公告》	完善增值税报税系统追踪消费税	解决成品油税收存在的变票、改票以及逃税等弊端
2019	成立国家石油天然气管网集团		国有大型油气企业干线管道独立,实现管输和销售分开,提高油气资源配置效率

时间	出台政策或事件	政策/事件主要内容	解决的问题/主要任务
2019	发改委、商务部第25、26、27号令	取消"石油、天然气"的勘探、开发限于合资、合作的特别管理措施	"放管服"改革全面深化，改善营商环境，推动油气上游市场内外资主体的开放和油气矿业权管理制度
2019	《市场准入负面清单（2019年版）》	石油和天然气探矿权和采矿权审批登记列入审批登记类	
2019	《中共中央国务院关于营造更好发展环境支持民营企业改革发展的意见》	进一步放开民营企业市场准入，清理各类显性和隐性壁垒，在电力、电信、铁路、石油、天然气等重点行业和领域，放开竞争性业务，进一步引入市场竞争机制	
2019	生态保护红线勘界定标技术规程	要求对生态保护红线内涉及矿业权、国家规划矿区、战略性矿产储量规模在中型以上的矿产地等边界进行校核	
2019	矿业权出让管理办法（征求意见稿）	从出让方式、权限、实施管理、监督管理等方面作出全面规定，并公开征求意见	
2019	《关于加强石油天然气行业环境影响评价管理的通知》	推动规划环境影响评价	
2020	国务院发布《支持中国（浙江）自由贸易试验区油气全产业链开放发展若干措施的批复》，2020年第三季度增加民营企业成品油一般贸易出口配额100万吨	支持浙江自贸试验区适度开展成品油出口业务	油品市场化改革
2020	废止《成品油市场管理办法》和《原油市场管理办法》	原油、成品油销售、批发、仓储经营活动的"松绑"	油品市场化改革
2020	关于推进矿产资源管理改革若干事项的意见（试行）	放开油气勘探开采市场	油气上游市场内外资主体的开放
2020	国家管网集团正式并网运营	对全国主要油气管道基础设施进行统一调配、统一运营、统一管理，实现管网的互联互通，构建"全国一张网"。	推动油气管网改革进程

4.3.2 "十四五"石油发展预测

新冠肺炎疫情仍在全球蔓延，国际形势中不稳定不确定因素增多，世界经济形势复杂严峻。展望"十四五"，在疫情得到良好控制的前提下，我国经济由恢复性增长逐渐回归至正常轨道，将带动石油需求持续改善。然而，在碳达峰及碳中和目标的要求下，我国能源消费结构将向绿色低碳方向加快推进，一次化石能源在能源消费中的比重将不断下降，这在一定程度上抑制石油消费。因此，在消费需求提振、产业升级力度加大、电动车替代效用增强、环保和减排要求提升以及航空业回暖等因素影响下，预计我国成品油需求将缓慢上升，但市场结构性供应过剩依然难以扭转。

（一）内需潜力持续释放，汽油消费将温和增长

"十四五"时期，在国内消费潜力不断释放，供需不匹配矛盾得到有效缓解的推动下，汽油消费量将温和增长。随着国内疫情受控及相继出台的消费鼓励政策，我国消费者信心逐渐恢复，消费动力增强，将推动汽车销量大幅回升，进而促进汽油消费稳步增长。同时，根据国务院出台的《新能源汽车产业发展规划（2021—2035 年）》显示，"十四五"时期新能源汽车将进入加速发展阶段，以电动化、网联化、智能化为新能源汽车发展方向，规划要求到 2025 年新能源汽车新车销售占比要达到车辆总销售的 20% 左右。此外，为促进新能源汽车产业发展，财政部等部门联合印发《关于新能源汽车免征车辆购置税有关政策的公告》（财政部 2020 年 21 号文），新增了新能源汽车免征车辆购置税的车型目录，且原有车型的免税政策将继续有效，新能源汽车销量增速将有所提高，这在一定程度上对汽油需求形成抑制。

（二）"两新一重"推动用油行业加速发展，柴油消费将持续回暖

展望"十四五"，新型基础设施建设，新型城镇化建设，交通、水利等重大工程建设加速推进，新基建投资将成为做好"六稳"工作和落实"六保"任务的重要抓手，基建项目开工将带来相关工程机械销量大增进而推动柴油消费的回暖，柴油消费量将稳步增长。2020 年 9 月 22 日习近平总书记在第 75 届联合国大会上提出"中国将提高国家自主贡献力度，采取更加有力的政策和措施，二氧化碳排放力争于 2030 年前达到峰值，努力争取 2060 年前实现碳中和"。在新的减排要求下，我国将加快经济结构调整和提升行业能效，相关高耗能行业减排压力增大在一定程度上对柴油消费形成抑制。

（三）国际国内交往恢复性增长，推动航空煤油消费稳步增长

"十四五"时期，一方面，随着新冠疫情的有效控制，全球各国将逐渐停止封城、封国，人流物流和交通运输逐渐恢复，国内国际交往不断增强，国际航线的恢复将有效推动航空煤油需求的上升。另一方面，我国国际和区域枢纽建设力度的不断加大以及支线机场建设的持续推进，对补齐我国航空运输业的短板，推动航空煤油需求稳步增长起到支撑作用。

4.3.3 2035 年石油发展展望

为实现 2030 达峰，2060 碳中和的目标，2035 年，我国能源消费结构将发生重大调整，能源消费将呈现"四分天下"的格局。2035 年，我国工业化时代谢幕，智能化时代来临，低碳、绿色、安全、高效将成为世界能源发展潮流。清华大学能源环境经济研究所测算显示，要达成 2060 年前实现碳中和的目标，不论是控温 2 摄氏度还是 1.5 摄氏度的情景，我国能源结构都将在 2030 年至 2035 年期间发生巨大的变化，一次能源消费比重将大幅下降，但化石能源仍居主导地位，煤炭、石油、天然气和非化石能源将呈"四分天下"的格局。

我国石油生产能力稳步提升，产业实现技术主导转型。2020 年石油需求遭受疫情重创，国际油价双双暴跌，全球石油项目负荷降低、投产延迟、投资搁浅。中东、非洲和拉美生产国国内趋于不稳；北美页岩油、深水和油砂等项目开发也可能退潮。当前投资急剧减少，意味着未来 5～10 年石油供应存在不足的风险。与此同时，我国能源转型的步伐加快，数字技术将助力石油公司与新能源利用赛跑，加速资源发现与利用的节奏，在全球范围内，能源技术商业化将在 2030 年至 2040 年迎来大发展。因此，为应对"能源错配"导致的供应安全风险，预计到 2035 年，我国石油生产能力将稳步提升，在能源技术快速发展的背景下，我国石油工业实现了从"资源主导"、"资本主导"向"技术主导"的转型。

化工用油比例大幅提升。随着能源需求重心逐步从工业领域转向生活消费领域，工业用能占比将持续回落，石油的原料属性将更加突出。中国石油集团经济技术研究院预测，我国化工用油比例会大幅提升，预计 2035 年，我国化工用油需求量将达到 1.67 亿吨，2050 年达到 1.82 亿吨，占比将从 2018 年的 12.5％增长到 2050 年的 30％。

石油消费将在 2030 年左右达峰。在能源安全和环保的压力下，我国控制石油消费总量愈显紧迫。在"绿色生产"和"绿色消费"措施下，我国能源低碳转型加快，最终使得石油需求增长持续受压。当前，能源利用低碳化的趋势已经出现，而且步伐明显加快。天然气和非化石能源在能源中占比从 1965 年的 21％提高至 2019 年的 40％；风能、太阳能、生物质能等进入快速发展期，近 10 年风能、太阳能年增长率分别达 21％和 50％。同时，全球范围的燃油效率标准将继续提高，抵消人口和运输需求的增长；电动车的加速渗透也将在一定程度上削弱石油作为交通燃料的功能。因此，预计 2030 年左右我国石油消费将达峰，如果禁燃、净塑和定标政策到位，石油消费有望"十四五"末期达峰，亦可能提前实现巴黎承诺的减排目标，到 2035 年，我国石油消费将呈现下降的趋势。

4.4 "十四五"时期天然气行业预测及 2035 年展望

4.4.1 "十三五"天然气运行特征

"十三五"时期，天然气行业保持了快速发展，天然气消费增速呈现快速增长态势，国产天然气稳步增长，进口气增速快速增长，天然气输送能力大幅提升，天然气储运设施不断完善，天然气领域体制改革不断深化，天然气行业发展的长效机制正在逐步建立。

（一）天然气消费呈快速增长态势，年均消费在 11% 以上

"十三五"时期，天然气作为能源转型的现实选择，得到了快速发展，保持了两位数的增速，天然气逐步发展成为中国主体能源之一。受新冠肺炎疫情影响，2020 年天然气消费仍同比增长 7.6%，天然气市场表现出了较强的韧性。"十三五"期间，天然气消费从 2016 年的 2058 亿立方米增长到 2020 年的 3258 亿立方米，年均增速 11.03%，年均增长约 260 亿立方米。相比"十二五"末，天然气大幅增长，增加了 1327 亿立方米，增长了 68.7%。天然气在一系列政策的强势推动下逐渐走上主力能源的道路，天然气消费在一次能源消费结构中占比逐年升高，从 2016 年的 6.4% 提高到 2020 年的 8.8%，比"十二五"末提高了 2.9 个百分点。

分行业来看，"十三五"期间，天然气消费仍以城市燃气消费和工业消费为主。"十三五"末，城市燃气消费和工业消费占天然气消费总量的近 72%，其中，城市燃气消费量和工业消费量分别占天然气消费总量的 37.8% 和 34.1%，天然气发电消费量占天然气消费总量的 18.1%，化工消费量仅占天然气消费总量的 10.0%。

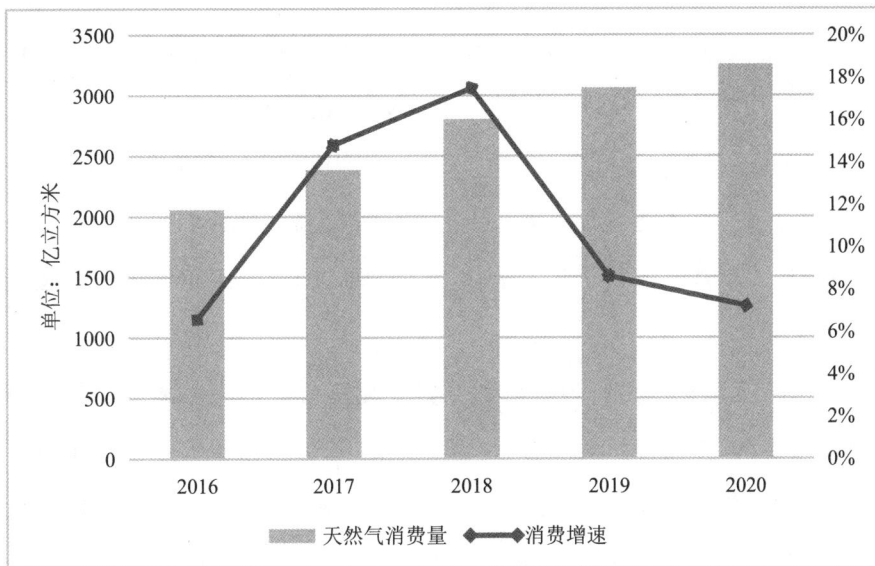

图 4-5 "十三五"时期我国天然气表观消费量及同比增速

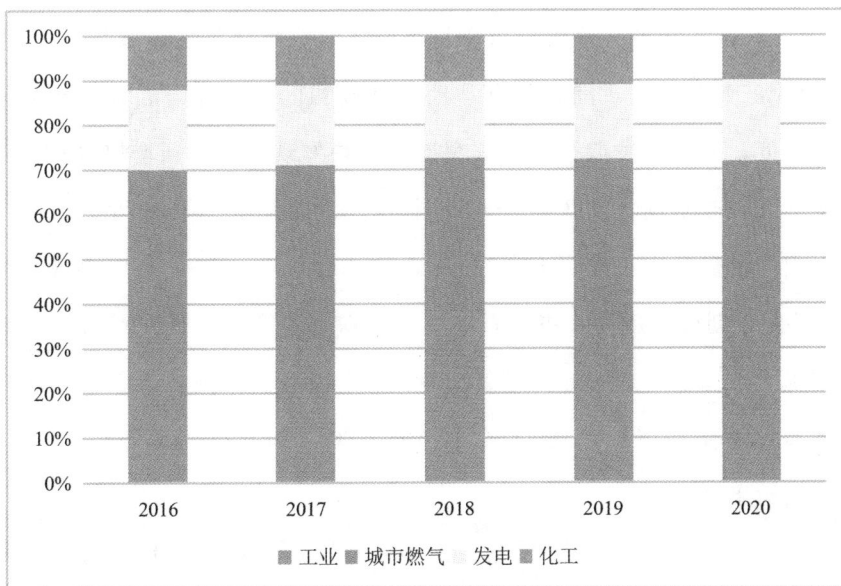

图 4-6 "十三五"时期我国天然气消费结构

增速方面，"十三五"期间，城镇燃气和燃气发电是天然气消费增长的主力。天然气发电增速最快，年均增速达到 15.8%，其次是城市燃气，年均增速为 14.4%，工业消费年均增速为 8.5%，化工消费年均增速最低，仅有 2.9%。与"十二五"末相比，城镇燃气占比增加 5.3 个百分点，燃气发电增加 3.4 个百分点。城镇燃气快速增长，一方面与城镇居民生活用气刚性增长有关，另一方面与 LNG 汽车数量的快速增长有关。

"十三五"期间，我国城镇和乡村气化率稳步提高。部分省份通过"县县通"和"镇镇通"工程，提升城镇的用气普遍水平。2015 年全国城镇气化率为 43%，气化人口大约 3 亿人，预计 2020 年全国城镇气化率将提高到 55%，气化人口增至 5 亿人。部分省份通过管道气、LNG"点供"等多种方式有序实施"燃气下乡"政策，天然气消费逐步向乡村拓展。

（二）国产天然气增速保持平稳增长，进口气保持快速增长

"十三五"期间，围绕重点盆地、领域和区块，我国加大油气风险勘探力度，勘探开发取得一系列突破，区块发现数量和新增储量均出现明显增长，非常规天然气成为增储主力。勘探开发投资方面，2019 年全国油气勘探开发总投资 3348 亿元，同比增长 25.5%，其中勘探投资 821 亿元，创历史新高，主要石油企业勘探与生产板块资本支出是 2016 年的 1.5 倍以上。探明地质储量方面，"十三五"期间，天然气新增探明地质储量年均增长率达 23.4%，其中 2019 年新增达 1.58 万亿立方米，创历史新高。

"十三五"期间，国产天然气产量从 2016 年的 1369 亿立方米增长到 2020 年的 1888 亿立方米，年均增速 6.9%，年均增长约 107 亿立方米。相比"十二五"末，国产天然气产量增加了 538 亿立方米，增长了 39.9%。

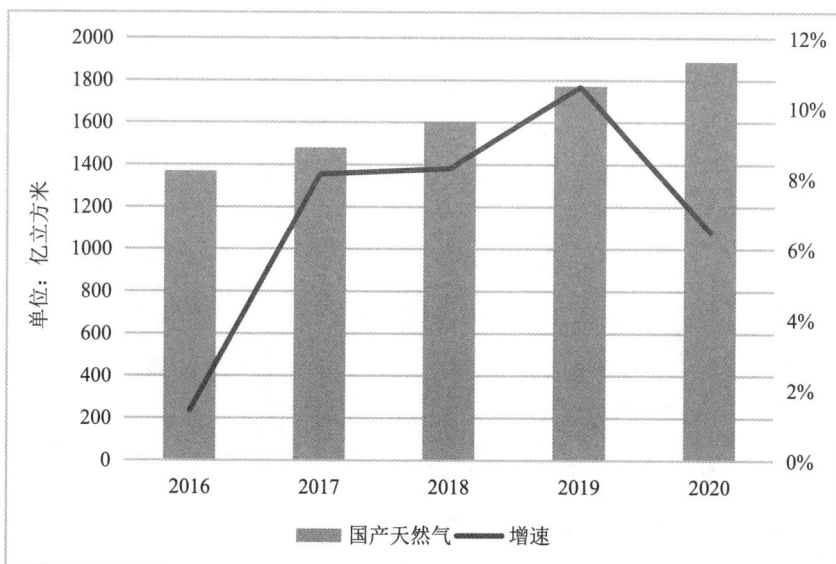

图 4-7 "十三五"时期国产天然气产量及增速

非常规气中页岩气增长最快,"十三五"期间年均增速高达 34.2%,相比"十二五"末,增长了 3.4 倍。而煤层气和煤制气相对增长缓慢。"十三五"末,煤层气地面产量约为 60 亿立方米,较"十二五"末仅增加 16 亿立方米,与"十三五"目标仍相差多达 40 亿立方米,目标完成率仅为 60%。截至"十三五"末,全国已建成煤制气项目 4 套、产能 51.05 亿立方米/年,远低于《煤炭深加工产业示范"十三五"规划》制定的"十三五"末总产能达到 251 亿立方米/年以上的目标。

"十三五"期间,进口气增长较快,从 2016 年的 721 亿立方米增加到 2020 年的 1423 亿立方米,年均增速 18.3%,其中管道气从 2016 年的 383 亿立方米增加到 2020 年的 484 亿立方米,年均增速 6.32%,LNG 从 2016 年的 338 亿立方米增加到 2020 年的 940 亿立方米,年均增速高达 29.5%。进口 LNG 年均增速仍远大于进口管道气,由于 LNG "液来液走"和槽车运输的方式迅速扩大了国内市场份额。

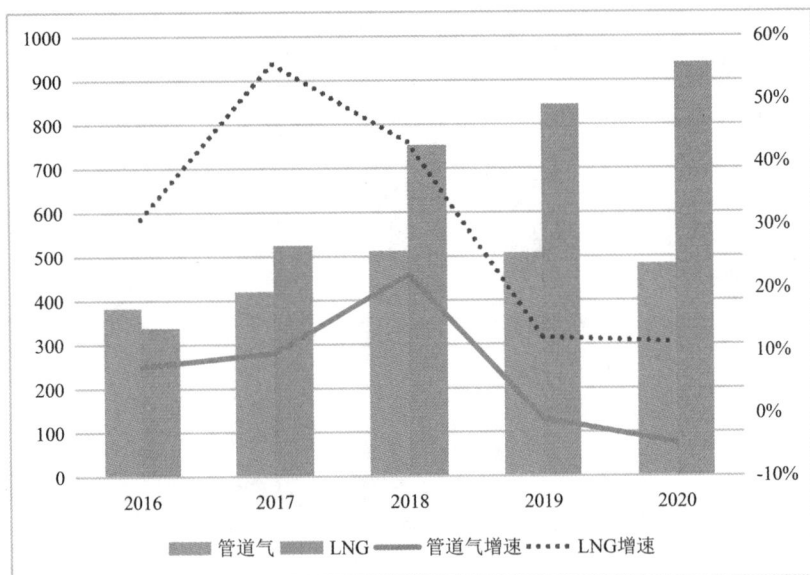

图 4 - 8 "十三五"时期天然气进口气量及增速

"十三五"期间,天然气对外依存度逐年上升。从 2016 年的 35.0%上升到 2020 年的 43.7%,比"十二五"末增加了 11.8 个百分点。天然气对外依存度逐年升高,与天然气消费快速增长,且消费增速远高于国产天然气产气量增速有关。虽然我国天然气对外依存度逐年升高,但我国天然气进口来源国从 2016 年的 11 个扩大至 2020 年的 31 个,来源国主体增多,并覆盖世界主要天然气资源国。

(三) 天然气输送能力大幅提升,储气库设施建设持续推进

"十三五"期间,"西气东输、北气南下、海气登陆、就近供应"的全国管道联通初步建成。管线方面,主干管网、区域性支线管网和配气管网建设速度加快,2016—2019 年新建长输管道超过 1.3 万千米,全国天然气干线管道总里程超过 8.7 万千米,一次输气能力超过 3500 亿立方米/年,中俄东线天然气管道(北段)正式投产通气。LNG 接收站方面,LNG 接收站布局和配套外输管道逐步完善,东南沿海 LNG 接收站形成海上进口通道,截至 2019 年,全国 LNG 接收站总数 22 座(含 LNG 中转储备站)、进口 LNG 总接转能力 9045 万吨/年,其中"十三五"期间投产 13 座,实现接收能力翻番。

储气库等设施建设持续推进,应急调峰保障体系得到增强。"十三五"期间,新建地下储气库 8 座,截至 2019 年底累计建成 27 座地下储气库,库容达 277 亿立方米,有效工作气量 102 亿立方米,约是"十二五"末期的 2 倍;调峰能力占年用气量的 3.3%,比"十二五"末期提高 0.5 个百分点。

(四)天然气进口管道气和 LNG 价格先上升后下降

"十三五"期间,进口天然气价格总体呈现先升高后下降趋势。"十三五"时期,进口 LNG 价格持续高于进口管道气价格,但两者之间的价格差距逐步收窄。一方面,由于新冠肺炎疫情,全球公共卫生事件爆发,国际 LNG 供应不断增加,但下游需求疲软,LNG 库存承压,国际市场 LNG 现货价格降至低位,LNG 现货拉低了进口总成本。另一方面,LNG 长协也由于国际原油价格在低位徘徊,逐渐走跌。"十三五"期间,进口管道气平均价格为 6.30 美元/百万英热单位,进口 LNG 平均价格为 8.52 美元/百万英热单位。

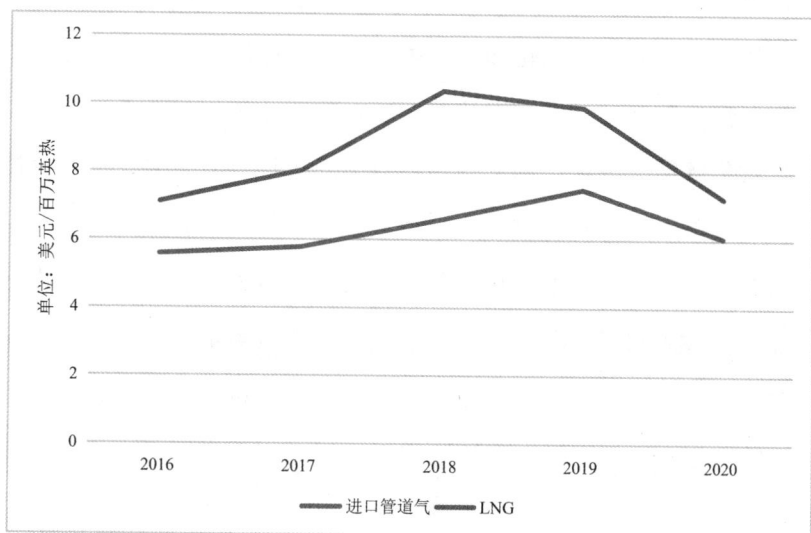

图 4-9 "十三五"时期进口管道气和 LNG 价格

（五）天然气市场化改革政策频出

"十三五"是我国天然气行业快速发展的一个时期，天然气行业的快速发展离不开一系列市场化改革政策的支持。"十三五"期间，围绕"管住中间、放开两头"的油气体制改革不断推进，推动着天然气行业向着市场化方向稳步迈进。

上游市场化改革方面，"十三五"期间，先后出台了一系列政策措施，勘探开发市场化主体不断增多，油气保障能力不断增强，供给和服务质量持续优化，对遏制油气对外依存度快速提升起到关键性作用。国务院印发《关于深化石油天然气体制改革的若干意见》，允许符合准入要求并获得资质的市场主体参与常规油气勘探开采。国家发展改革委、商务部发布，《外商投资准入特别管理措施（负面清单）》取消了石油天然气勘探开发限于合资、合作限制，勘探开发向外资和民企敞开大门。中游市场化改革方面，国家石油天然气管网集团有限公司挂牌成立，酝酿多年的油气管网改革终于破冰。中游着力推动基础设施建设和向第三方公平开放。下游市场化改革方面，中共中央、国务院印发了《关于营造更好发展环境支持民营企业改革发展的意见》，意见指出支持民营企业进入油气勘探开发、炼化和销售领域，建设原油、天然气、成品油储运和管道输送等基础设施。支持符合条件的企业参与原油进口、成品油出口，对化解国内炼油产能过剩和参与国际市场具有重要意义。价格市场化改革方面，相继对直供用户、线上交易、储气设施、化肥用气等放开价格管制，基本实现居民用气与非居民用气价格并轨，门站价格逐步由企业协商或者市场竞争决定。天然气市场化改革的最终目的是推动形成上游油气资源多主体多渠道供应、中游统一管网高效集输、下游销售市场充分竞争的"X＋1＋X"油气市场体系，有利于形成市场化油气价格机制。

4.4.2 "十四五"天然气发展预测

"十四五"时期，在应对气候变化和大气污染防治等政策驱动下，我国天然气消费将进一步增长，"十四五"末天然气表观消费量将达到4200～4500 亿立方米，城市燃气、工业用气和天然气发电增长较快。天然气产量也将再上一个台阶，供给量约在 2400 亿立方米。

（一）"十四五"天然气需求预测

"十四五"期间，在碳达峰、碳中和及大气污染防治等政策驱动下，天然气作为低碳转型最有效的现实选择，天然气消费将进一步增长。"十四五"期间，天然气产供储销体系建设将更加完善，随着天然气上中下游全产业链将进一步降本增效，上游激发勘探开发活力，中游加快形成全国一张网，下游天然气协调发展；深化天然气价格改革，实施减税降费，加之国际天然气供需总体宽松，天然气价格低位震荡运行，天然气价格竞争力显现，将进一步提高与替代燃料的竞争性，继而扩大天然气利用范围，天然气消费市场将进一步从油气田周边地区向经济发达地区扩展。预计 2025 年天然气消费将增加 1000 亿～1500 亿立方米，表观消费量将达到 4200 亿～4500 亿立方米，年均消费增速在 5.2％～6.7％，天然气占一次能源消费的比例超过 10％。

城市燃气消费方面，随着城镇化进一步提高，更多的城镇人口将实现"气化"，气化率随之不断提高，加之人均用气量的提升，带来了更多城镇居民生活用气的刚性需求，城镇居民生活用气消费将进一步提高。交通用气方面，虽然目前天然气汽车仍以 CNG 汽车为主，但 LNG汽车的数量和比重将快速上升。"十四五"期间，LNG 重卡将在交通领域崛起，成为天然气消费增长的潜在市场。受环保政策加速收紧、重型车领域难以电气化、气源保障不断充足、LNG 燃料经济性有效提高、加气站建设有序推进、LNG 重卡数量的持续增长等多个因素的推动，

LNG市场增量空间较为乐观。

工业用气方面,在工业燃料领域,天然气替代散煤将是工业领域的主要利用方向。一方面,当前我国工业终端煤炭比例约为50%,而工业化水平高的发达国家和地区一般在10%以内。另一方面,目前我国工业燃料领域的天然气消费占比约10%,远低于欧美等国家40%~50%的水平。2020年10月,生态环境部发布的《京津冀及周边地区、汾渭平原2020—2021年秋冬季大气污染综合治理攻坚行动方案》要求涉及的工业煤改气覆盖范围扩大,煤改气工业覆盖范围从之前的15个行业扩至39个行业。与此同时,广东、浙江、黑龙江和吉林等地区将通过推进工业用户使用天然气、热电联产扩建等方式促进当地煤改气发展。随着各省工业燃料领域"煤改气"的推进,"十四五"期间,工业用气消费将持续增长。

天然气发电方面,在我国生态环境约束凸显的背景下,天然气发电的调峰和环保价值正在被逐渐重视,天然气发电需求空间广阔,消费占比也将继续提升,但"十四五"期间,规模仍将小于城市燃气和工业燃料领域。"十四五"期间,天然气有望发挥优势,优先布局在气源有保障、电价承受度高、环保改善需求大、电力峰谷差大的地区,并与可再生能源实现融合发展。

化工用气方面,从全国层面看,"十四五"期间,将仍限制和禁止天然气化工的改扩建。由于政策调控,化工用气将保持低速增长。"十四五"时期,天然气制合成氨、甲醇、尿素、氮肥将进一步进行去产能和总量调控,但在精细化工及高附加值材料领域可能有一定的用气增长。

(二)"十四五"天然气供给预测

"十四五"时期,随着我国矿业权流转机制、竞争性出让机制、储量及价值评估规则等逐步完善,非常规油气页岩气矿业权重叠问题妥善解决,煤层气矿业权问题逐步理顺,制约国产天然气产量增长的体制机制问题将进一步得到解决,进一步激发勘探开发活力。做大四川、新疆、鄂尔多斯、海域四大油气上产基地,推动常规天然气产量稳步增加,非常规天然气较快发展。"十四五"是三大石油公司 7 年行动计划的收官之年。从已有的投资节奏看,储量和产量还将再上一个台阶。天然气进口量将继续保持较快增长,特别是进口 LNG,将持续保持两位数的增长,预计 2025 年,国产天然气供给量约在 2400 亿立方米;新增管道气进口量约 450 亿立方米、LNG 进口量约 350 亿立方米。

国产天然气方面,2018 年国家相关部委组织国内油气企业共同研究、形成了未来七年的战略行动计划,三大石油公司纷纷制定行动计划,如中石油《2019—2025 年国内勘探与生产加快发展规划方案》、中海油《关于中国海油强化国内勘探开发未来"七年行动计划"》,明确要提高原油天然气储量,以及要把原油、天然气的对外依存度保持在一个合理范围。2020 年初,"三桶油"相继召开工作会议部署重点工作,中石油提出全力推动全国油气产量当量迈上 2 亿吨历史新水平;中石化要求大力推进国内上游稳油增气降本;中海油则明确加大油气勘探投产 10 个新项目。"十四五"期间,三桶油将进一步加大石油天然气的勘探开发资本支出,国产天然气产量将进一步增长,特别是已具有经济性的页岩气开采及南海深海油气资源开发将成为国产天然气增长的重要支撑点。

进口气方面,自中俄东线天然气管道(北段)正式投产通气,已累计输气接近 40 亿立方米,预计在"十四五"时期,中俄东线天然气管道将逐步达到设计的 380 亿立方米/年输送量。"十四五"期间,东北、西北、西南三条天然气管道的输送能力按设计均有大幅增强。受新冠肺炎疫情影响,"十四五"初期,国际市场 LNG 资源可能延续宽松态势,进口成本相对低廉,三大石油等公司将抓住有利时间窗口期,加快落实新合约，以增强整体保障能力并拉低进口成本。随着疫情形势的好转，中后期国际 LNG 市场可能出现供应紧张局面。

4.4.3　2035 年天然气发展展望

展望 2035 年，天然气在能源转型中扮演重要角色，随着城镇化率稳步提升，交通用气稳步增长，以及天然气发电的大幅增长，国产天然气将持续上产，增量以非常规天然气为主，天然气行业将处于稳步发展期。

（一）天然气行业将处于稳步发展期，消费增速有所放缓，预计 2035 年天然气消费将达到 6200 亿立方米

在城镇人口继续增长、天然气管网设施日趋完善、分布式能源系统快速发展，以及应对气候变化和环境污染治理等利好下，天然气消费虽然已经度过了高速增长期，但 2035 年我国天然气消费仍将处于稳步发展期。工业用气中，采掘业用气将触顶回落，制造业用气将持续增长；城市燃气中居民生活用气将保持刚性增长，交通用气主要来自 LNG 汽车，天然气发电供热市场潜力巨大，可能实现大幅增长。预计 2035 年天然气消费将达到 6200 亿立方米，2021～2035 年年均消费增速约为 4.5％，天然气占一次能源消费的比例超过 15％。

（二）国产天然气产量将稳步上升，非常规天然气为增产主力，预计 2035 年国产天然气产量将达到 3300 亿立方米

2035 年前，我国天然气将持续上产，但由于常规气优质接替资源的发现难度越来越大，常规油气产量由增速放缓转向稳定，非常规油气保持快速增长，特别是页岩气，新增产量中非常规气资源比例不断增加，呈现常规气与非常规油气并重发展的格局，预计 2035 年我国天然气产量将达到 3300 亿立方米，其中非常规油气产量占比在 40％左右。

4.5 "十四五"时期电力行业预测及 2035 年展望

4.5.1 "十三五"电力运行特征

"十三五"时期,我国坚定不移贯彻新发展理念,以供给侧结构性改革为主线,适度扩大总需求,经济运行总体呈现稳中有进、稳中向好的良好态势,2020 年我国科学统筹疫情防控与经济社会发展,扎实做好"六稳"工作,落实"六保"任务,国民经济运行稳步恢复,经济增长由负转正,实现了 0.7% 的增长,成为疫后全球唯一实现正增长的主要经济体。受宏观经济稳中向好态势持续等因素综合影响,在"四个革命、一个合作"能源安全新战略的指引下,电力行业对经济社会发展的支撑作用明显增强,电力行业呈现消费增速总体提升、消费结构持续优化、清洁能源消纳持续好转、供需总体平衡等特点。

(一)电力消费增速总体提升,产业和区域间差异明显

"十三五"时期,全国全社会用电量 7.51 万亿千瓦时,年均增长 5.73%,增速较"十二五"时期提高 0.51 个百分点。分产业来看,因从 2018 年 5 月份开始,三次产业划分按照《国家统计局关于修订〈三次产业划分规定(2012)〉的通知》(国统设管函〔2018〕74 号)调整,2020 年的分产业用电量数据与 2015 年不可比,以 2020 年为例,全年第一产业用电量 859 亿千瓦时,同比增长 10.2%,连续 3 个季度增速超过 10%,主要得益于农网升级改造等强农惠农政策的加快落实落地;第二产业用电量 5.1 万亿千瓦时,同比增长 2.5%,各季度增速分别为 -8.8%、3.3%、5.8% 和 7.6%,主要与复工复产持续推进密不可分;第三产业用电量 1.2 万亿千瓦时,同比增长 1.9%,各季度增速分别为 -8.3%、0.5%、5.9% 和 8.4%,主要与复商复市加快推进紧密相连;

城乡居民生活用电量1.1万亿千瓦时，同比增长6.9%，各季度增速分别为3.5%、10.6%、5.0%和10.0%，四季度再次实现两位数增长主要受低温天气影响。分区域来看，2016—2019年间所有省份的全社会用电量年均增速均为正，其中高于6%的省份有16个，按照增速高低分别为西藏、陕西、内蒙古、广西、江西、安徽、湖北、新疆、重庆、浙江、四川、贵州、海南、山西、福建、湖南，其增速分别为17.63%、11.85%、9.48%、9.34%、9.02%、8.83%、7.39%、7.34%、7.30%、7.27%、7.25%、7.03%、6.84%、6.82%、6.72%和6.53%。年均增速位于5%—6%之间的省份有6个，按照增速高低分别为广东、云南、宁夏、江苏、北京、山东，其增速分别为5.97%、5.94%、5.40%、5.20%、5.19%和5.00%。年均增速低于5%的省份有9个，按照增速高低分别为河北、辽宁、吉林、甘肃、河南、黑龙江、上海、天津、青海，其增速分别为4.97%、4.88%、4.60%、4.05%、3.96%、3.46%、2.78%、2.35%和2.15%。2020年全国有16个省份全社会用电量增速高于全国平均水平（1.3%），增速较高的前6个省份为云南、西藏、四川、甘肃、内蒙古和广西，其增速分别为11.0%、8.0%、7.6%、6.6%、6.6%和5.7%。

（二）电力消费结构持续优化，消费增长动力转换加快

"十三五"时期，电力消费结构不断调整优化，高端装备制造业、生产性服务业用电形势良好。由于2018年分行业用电量统计口径调整，前后数据不可比，本书以2016年和2020年为例进行分析。2016年，第一产业用电量占全社会用电量的比重为1.82%，与上年同期基本持平，第三产业和城乡居民生活用电量占全社会用电量的比重分别为13.45%和13.61%，较上年同期分别提高0.55和0.49个百分点，第二产业用电量占全社会用电量的比重为71.13%，较上年同期下降1.02个百分点，其中，化学原料及化学制品制造业、非金属矿物制品业、黑色金属冶炼及压延加工业、有色金属冶炼及压延加工业等四大高耗能行业用电量占全社会用电量的比重为 31.17%，较上年回落 1.05 个百分点，一定程度上反映出我国经济结构在调整过程中不断优化，转型升级态势良好。2016 年我国服务业持续较快增长，生产性服务业和生活性服务业发展势头良好，第三产业增加值占国内生产总值的比重高达52.4%，较上年同期提高 1.6 个百分点，对经济增长的贡献率高达60.0%。随着第三产业的持续较快发展、新型城镇化的稳步推进以及居民生活用电水平的逐步提高，第三产业和城乡居民生活用电逐渐成为拉动全社会用电增长的主力军，对全社会用电量增长的贡献率分别高达27.1% 和 21.0%。第三产业中，计算机服务和软件业、房地产业、电信和其他信息传输服务业、租赁和商务服务、居民服务和其他服务业、批发和零售业、交通运输业用电增速均在 10.0% 以上，远高于全社会用电增速。2020 年电力消费结构继续优化，高端制造业和新兴服务业成用电新亮点。2020 年 1—11 月，第一产业、城乡居民生活用电量占全社会用电量的比重分别为 1.17% 和 15.03%，较上年同期分别提高0.08 和 0.49 个百分点，第二产业、第三产业用电量占全社会用电量的比重分别为 67.44% 和 16.36%，较上年同期分别下降 0.29 和 0.28 个百分点。从制造业分行业用电来看，在传统行业用电负增长或者低速增长的同时，高端装备制造业用电量快速增长成为亮点，其中，光伏设备及元器件制造用电增速高达 130.9%，风能原动设备制造、计算机通信和其他电子设备制造业、医疗仪器设备及器械制造、废弃资源综合利用业用电增速超过 10%，分别高达 80.8%、15.0%、15.0% 和 12.5%，新能源汽车整车制造、电气机械和器材制造业用电增速超过 5%，远远高于全国制造业 2.4% 的平均水平。从服务业分行业用电来看，随着电能替代持续推广，新经济行业用电量继续保持快速增长势头，其中，充换电服务业、互联网数据服务业、软件和信息技术服务业用电量用电增速超过 50%，分别高达 73.4％、70.3％和 46.5％，管道运输业、装卸搬运和仓储业、电信广播电视和卫星传输服务业、租赁业用电增速超过 10％，高于全国第三产业 0.8％的平均水平。

（三）电源结构绿色化趋势明显，供电可靠率总体稳定向好

"十三五"时期，电力行业进一步深化供给侧结构性改革，积极化解煤电产能过剩风险，煤电装机比重稳步下降，电源结构绿色化趋势明显。本书以 2018 年和 2020 年为例进行分析。2018 年发电装机容量增速同比回落，发电装机结构持续绿色化。截至 2018 年底，全国全口径发电装机容量 19.0 亿千瓦，同比增长 6.5％。其中，非化石能源发电装机容量 7.7 亿千瓦，占总装机容量的比重为 40.8％，较上年提高 2.0 个百分点。火电装机中，煤电 10.1 亿千瓦，占总装机容量的比重为 53.0％，比上年降低 2.2 个百分点。2020 年电力行业坚持绿色发展理念不动摇，大力发展低碳清洁能源，电力供应结构进一步绿色低碳化。从全国 6000 千瓦及以上电厂发电装机容量来看，非化石能源发电装机比重进一步提升，风电发电装机容量同比增长 17.6％，远远高于 6.6％的平均水平，占全国 6000 千瓦及以上电厂发电装机容量的比重较上年同期提高 1.12 个百分点。"十三五"以来供电可靠率总体稳定向好，总体来看，2020 年城市地区平均供电可靠率高于农村地区，平均停电时间和次数低于农村地区。前三季度全国 50 个主要城市供电企业平均供电可靠率达 95.953％，较上年同期提升 0.024 个百分点，平均停电时间为 3.11 小时/户，较上年同期减少 1.48 小时/户，因故障停电和计划停电造成平均停电时间分别为 1.61 和 1.50 小时/户，分别占总停电时间的 51.6％和 48.4％，平均停电次数为 0.90 次/户，较上年同期减少 0.26 次/户。分城市和农村地区来看，城市地区（包括市中心区、市区和城镇）平均供电可靠率高达 95.977％，平均停电时间为 1.50 小时/户，平均停电次数为 0.44 次/户；农村地区平均供电可靠率为 95.938％，平均停电

时间为 4.10 小时/户，平均停电次数为 1.18 次/户。

（四）发电设备利用小时数总体下降，清洁能源消纳持续好转

"十三五"时期，全国发电设备平均利用小时总体呈现先升后降的趋势，由 2016 年的 3785 小时升至 2018 年的 3862 小时，再降至 2020 年的 3758 小时，"三弃"问题有效改善，本书以 2018 年和 2020 年为例进行分析。2018 年，在化解煤电过剩产能和电力消费快速增长的双重作用下，全国发电设备利用率提升，全国发电设备平均利用小时为 3862 小时，同比提高 73 小时。分发电类型来看，全国水电设备平均利用小时 3613 小时，较上年提高 16 小时；全国火电设备平均利用小时 4361 小时，较上年提高 143 小时；核电设备利用小时 7184 小时，较上年提高 95 小时；并网风电设备利用小时 2095 小时，为 2013 年以来新高，比上年提高 146 小时；并网太阳能发电设备利用小时 1212 小时，较上年提高 7 小时。2018 年国家能源局将"落实《政府工作报告》要求，尽快解决弃水弃风弃光问题"放在首位，通过完善新能源发电项目竞争配置机制、优化风电和光伏发电建设布局、推动可再生能源平价上网、支持风电光伏分散式发展、促进可再生能源跨省跨区消纳等多措并举，"弃风弃光弃水"问题得到有效改善。2018 年全国弃风电量 277 亿千瓦时，平均弃风率 7%，同比下降 5 个百分点；全国弃光电量 54.9 亿千瓦时，平均弃光率 3%，同比下降 2.8 个百分点。2020 年 1—11 月，全国发电设备累计平均利用小时 3384 小时，较上年同期下降 85 小时。分发电类型来看，水电、核电、风电发电设备累计平均利用小时同比提高，火电发电设备累计平均利用小时同比下降。全国水电、核电、风电发电设备累计平均利用小时分别为 3627、6746 和 1912 小时，较上年同期分别增加 128、36 和 30 小时；火电发电设备累计平均利用小时为 3727 小时，较上年同期下降 129 小时。2020 年以来，国家能源局认真落实中央经济工作会议和政府工作报告各项部署，将"优布局、盯重

点，切实抓好清洁能源发展和消纳"作为 2020 年能源工作重点任务，深入开展风电开发建设情况、跨省跨区电力交易与市场秩序等专项监管，清洁能源消纳持续好转，弃水弃风弃光率持续下降。前三季度，全国主要流域弃水电量约 242 亿千瓦时，较上年同期减少 37 亿千瓦时，水能利用率约 96.4%，较上年同期提高 0.7 个百分点。弃水主要发生在四川省，占到全国主要流域弃水电量的 67.4%；全国弃风电量和弃风率持续"双降"，全国弃风电量约 116 亿千瓦时，同比减少 12 亿千瓦时；全国平均弃风率 3.4%，较上年同期有所改善，同比下降 0.8 个百分点，尤其是新疆和甘肃下降明显，弃风率分别同比下降 5.1 和 2.5 个百分点；全国弃光电量 34.3 亿千瓦时，平均弃光率 1.7%，同比下降 0.2 个百分点，尤其是西藏和新疆下降明显，弃光率分别同比下降 11.9 和 4.4 个百分点。

（五）跨区跨省送电量增速提高，全国电力供需总体平衡

"十三五"时期，跨区跨省送电量快速增长，电力供需总体平衡，本书以 2018 年和 2020 年为例进行分析。2018 年，全国新增 220 千伏及以上变电设备容量 22082 万千伏安，新增 220 千伏及以上输电线路长度 41035 千米，新增直流换流容量 3200 万千瓦，直流交流容量和输电线路长度持续新增为跨区跨省送电奠定了坚实基础。全年全国跨区、跨省送电分别完成 4807 和 12936 亿千瓦时，同比分别增长 13.5% 和 14.6%，增速同比分别提高 1.4 和 1.9 个百分点。特高压项目推动跨区跨省送电，其中山西晋北—江苏淮安、宁夏灵州—浙江绍兴特高压线路输电量分别拉动全国跨区送电量增长 2.0 和 4.2 个百分点。在电力消费增速同比大幅提升的背景下，全国电力供需形势从之前的"总体宽松"向"总体平衡"转换。分区域来看，华北、华东、华中、南方区域电力供需总体平衡，东北和西北区域电力供应能力富余较多，但华北、华东、华中、西南及南方区域部分省份局部性、阶段性电力供应偏紧，出现错峰限电现象。2020 年 1—11 月，全国新增 220 千伏及以上变电设备容量 19160 万千伏安，新增 220 千伏及以上输电线路长度 28976 千米，新增直流换流容量 2500 万千瓦，直流交流容量和输电线路长度持续新增为跨区跨省电力输送提供了坚实保障。1—11 月全国跨区送电量 5617 亿千瓦时，同比增长 13.5％，分季度来看，一、二、三季度全国跨区送电量增速分别为 6.8％、11.7％和 17.0％，二、三季度较上一季度分别回升 4.9 和 5.3 个百分点。1—11 月全国跨省送电量 14041 亿千瓦时，同比增长 6.1％，分季度来看，一、二、三季度全国跨省送电量增速分别为－5.2％、5.9％和 9.9％，二、三季度较上一季度分别回升 11.1 和 4.0 个百分点。1—11 月全国供电量 58455 亿千瓦时，同比增长 2.3％，全国售电量 55395 亿千瓦时，同比增 2.5％，供电量高于售电量 3060 亿千瓦时，全国电力供需总体平衡。分区域来看，华北、华东、华中、南方区域电力供需总体平衡，东北和西北区域电力供应能力有富余。受工业生产快速恢复拉动用电增长、遭遇极寒天气进一步增加用电负荷、外受电能力有限和机组故障增加电力保供困难等因素影响，11 月份以来湖南、江西等地电力供应偏紧，浙江亦出现限制用电情况。

4.5.2　"十四五" 电力发展预测

展望 "十四五" 时期，2021 年受经济延续恢复性增长态势、高端装备制造业、信息技术服务业等产业蓬勃发展、电能替代步伐加快、2020 年基数偏低等因素影响，预计 2021 年用电消费呈恢复性增长态势，增速较 2020 年大幅回升，2022 年开始回落，总体来看，电力供应总体充足，供需总体平衡，局部地区部分高峰时段供应偏紧。

(一) 电力消费呈 "增速前高后低、结构不断优化" 态势

从消费增速看，"十四五" 开局之年电力消费恢复性增长态势明显，"十四五" 期间增速呈 "前高后低" 趋势，预计 2025 年全社会用电量约

94557 亿千瓦时，年均增长 4.7%，增速较"十三五"年均增速回落 1.0 个百分点。其中，第一产业用电量 1209 亿千瓦时，年均增长 7.1%，增速较"十三五"年均增速回落 0.3 个百分点；第二产业用电量 61832 亿千瓦时，年均增长 3.8%，增速较"十三五"年均增速回落 0.4 个百分点；第三产业用电量 16705 亿千瓦时，年均增长 6.7%，增速较"十三五"年均增速回落 2.4 个百分点；城乡居民生活用电量 14811 亿千瓦时，年均增长 6.2%，增速较"十三五"年均增速回落 2.1 个百分点。从消费结构看，"十四五"期间第一产业、第三产业和城乡居民生活用电量比重不断提升，第二产业用电量比重继续下降，电力消费结构不断优化。其中，第一产业用电量占全社会用电量的比重 2025 年为 1.28%，较 2020 年提高 0.13 个百分点，第三产业和城乡居民生活用电量占全社会用电量的比重 2025 年分别为 17.67% 和 15.66%，较 2020 年分别提高 1.57 和 1.09 个百分点，第二产业用电量占全社会用电量的比重 2025 年为 65.39%，较 2020 年下降 2.80 个百分点。

表 4-2   "十四五"时期电力需求预测

用电量 （亿千瓦时）	2020 年实际		2025 年预测	
	绝对值	当年增速（%）	绝对值	年均增速（%）
全社会用电量	75110	3.1	94557	4.7
第一产业	859	10.2	1209	7.1
第二产业	51215	2.5	61832	3.8
第三产业	12087	1.9	16705	6.7
城乡居民生活用电	10949	6.9	14811	6.2

（二）电力供应呈"供需总体平衡、局部供应偏紧"态势

综合考虑"十四五"期间发电装机规模、新增发电装机速度、煤电装机控制政策等因素，预计 2025 年底全国发电装机达到 25.8 亿千瓦，非化石能源发电装机比重达到 50% 左右。综合发电设备利用小时数、电力市场交易、跨区跨省电力输送、用电负荷高峰等因素，预计"十四五"期间电力供应总体充足，供需总体平衡，局部地区部分高峰时段供应偏紧。分区域来看，东北和西北地区电力供应较为富余，华北和华东地区供需总体平衡，华中和南方地区部分省份在用电高峰时段电力供应偏紧。

4.5.3 2035 年电力发展展望

充分考虑到 2035 年我国 GDP 总量翻一番、2030 年左右二氧化碳排放达到峰值且将努力早日达峰、单位国内生产总值二氧化碳排放比 2005 年下降 60%—65%、非化石能源占一次能源消费比重提高到 25% 以上、2030 年以后火电发电量不再增加、新增用电量全部由非化石发电提供等约束条件，受经济增速稳中有降、经济结构不断优化调整等因素影响，预计 2026—2035 年用电消费呈稳步下降态势，增速较"十四五"期间有所回落，电力供需总体平衡，局部地区在迎峰度夏、迎峰度冬等高峰时段会出现供需偏紧现象。

(一) 电力消费呈"增速稳步下降、结构持续优化"态势

从消费增速看，总体呈"稳步下降"趋势，预计 2035 年全社会用电量约 137612 亿千瓦时，2026—2035 年年均增长 3.8%，增速较"十四五"年均增速回落 0.9 个百分点。其中，第一产业用电量 2160 亿千瓦时，2026—2035 年年均增长 6.0%，增速较"十四五"年均增速回落 1.1 个百分点；第二产业用电量 82616 亿千瓦时，2026—2035 年年均增长 2.9%，增速较"十四五"年均增速回落 0.9 个百分点；第三产业用电量 28279 亿千瓦时，2026—2035 年年均增长 5.4%，增速较"十四五"年均增速回落 1.3 个百分点；城乡居民生活用电量 24557 亿千瓦时，2026—2035 年年均增长 5.2%，增速较"十四五"年均增速回落 1.0 个百分点。从消费结构看，第一产业、第三产业和城乡居民生活用电量比重持续提升，第二产业用电量比重持续下降，电力消费结构持

续优化与升级。其中，第一产业用电量占全社会用电量的比重 2035 年为 1.57%，较 2025 年提高 0.29 个百分点，第三产业和城乡居民生活用电量占全社会用电量的比重 2035 年分别为 20.55% 和 17.85%，较 2025 年分别提高 2.88 和 2.18 个百分点，第二产业用电量占全社会用电量的比重 2035 年为 60.04%，较 2025 年下降 5.36 个百分点。

表 4‑3　2025—2035 年电力需求预测

用电量 （亿千瓦时）	2025 年预测		2035 年预测	
	绝对值	年均增速（%）	绝对值	年均增速（%）
全社会用电量	94557	4.7	137612	3.8
第一产业	1209	7.1	2160	6.0
第二产业	61832	3.8	82616	2.9
第三产业	16705	6.7	28279	5.4
城乡居民生活用电	14811	6.2	24557	5.2

（二）电力供应呈"总体充足、局部富余、供需宽松"态势

综合考虑 2026—2035 年发电装机规模、新增发电装机容量、非化石能源发电装机投产步伐、煤电装机控制力度等因素，预计 2035 年底全国发电装机达到 35.1 亿千瓦，非化石能源发电装机比重达到 70% 左右。综合发电设备利用小时数、跨区域输电和各地区的电力供给情况，预计 2026—2035 年电力供应能力总体充足，除部分地区迎峰度夏、迎峰度冬高峰时段供需偏紧外，大部分地区供需宽松，其中，华北地区供需总体平衡，华东、华中地区电力供需平衡偏宽松，东北和西北地区电力供应富余较多。

第5章 "双碳"目标下全球碳关税变局
对中国经济的影响模拟

中国碳排放量总量已达世界第一，背负着来自国际社会、自身可持续发展的多重压力，成为经济社会发展中亟需应对的问题。为应对气候变化和控制碳排放，中国政府采取各类有利于减少碳排放的经济政策，加速节能和提高能效，并制定了相应的碳排放降低目标和任务。然而，一些发达经济体以应对气候变化为由，正酝酿征收碳税和碳关税，以期减少碳排放。2021年以来，西方发达经济体碳关税立法议程明显提速，酝酿推动构建全球碳关税联盟，碳关税即将迎来从概念层面转向实践层面的实质性变局，大概率会成为全球贸易保护主义新的政策工具，将会对中国等发展中经济体经济发展带来冲击。本章利用GTAP-E模型，通过设置美欧日发达经济体对国内征收碳税、美欧日发达经济体对国内征收碳税并对中国征收碳关税、美欧日发达经济体与中国同等征收碳税以及美欧日发达经济体与中国差异化征收碳税四种政策情景，分析不同减排政策下各经济体的宏观经济、居民福利和碳排放影响，据此探讨中国主动采取成本公平性原则的差异化碳税政策应对发达经济体碳关税威胁的可行性。

5.1 碳关税相关文献综述

很多学者对碳关税的合法性进行了探讨，但尚未达成一致意见。支持者认为碳关税能够有效解决"碳泄露"问题，同时也能消除因征收碳税导致的国内产品劣势，实现"公平贸易"，因此在气候变化背景下具有一定合法性（Hoerner & Muller，1996；Biermann & Brohm，2004；Veel，2009；Asselt & Brewer，2010；Rocchi et al.，2018；王谋，2020）。反对者认为碳关税是一种新型绿色贸易壁垒，会扰乱国际贸易秩序，引发贸易战，同时碳关税违反了WTO国民待遇和最惠国待遇的基本规则，也违背了1992年《联合国气候变化框架公约》和1997年《京都议定书》确定的"共同而有区别的责任"原则，因此与国际法律法规存在一定冲突（谢来辉，2008；Lockwood & Whalley，2010；Fouréet al.，2016；Zhang et al.，2017；Zhu et al.）。还有部分学者认为碳关税能否合法需要视具体情况而定（Ismer & Neuhoff 2004；Bhagwati & Mavroidis 2007；Syunkova，2007；Moore，2011）。

碳关税的福利影响是其研究的重要内容，同样尚未形成统一结论。一些学者认为征收碳关税并不能显著提升福利水平（McKibben & Wilcoxen，2008），相反地，另一些学者认为征收碳关税能够明显增进全球福利（Gros，2009）。还有一些学者从"碳泄漏"视角研究碳关税的福利影响，发现征收碳关税对"碳泄漏"具有一定抑制作用，从而产生正的福利影响（Springmann，2012；Eyland & Zaccour，2014；Mckibbin et al.，2017）[18—20]。此外，也有一些学者从征收国和被征收国不同立场出发研究碳关税的福利影响。Hubler（2009）将全球经济体分为工业经济体、发展中经济体、中国三类，工业经济体对中国开征进口关税后，征税后工业经济体福利上升，发展中经济体因征税受益，而中国福利受损。类似地，曲如晓、吴洁（2011）认为征收碳关税后，征收国福利增加，而被征收国福利下降，福利变化程度取决于征收强度、被征收国是否采取主动策略及出口产品碳密集程度等因素。

当前碳关税的倡导者主要是发达经济体（如美国、欧洲、日本等），碳关税征收最有可能是发达经济体对发展中经济体（如中国等）进行征收。由此，碳关税的应对措施主要是针对中国等发展中经济体而言，主要可分为被动应对和主动应对两类措施。其中，被动应对碳关税不是一种积极应对气候变化的心态，无助于全球气候变化问题的解决（樊纲，2009；张沁等，2010）。主动应对碳关税是一种积极应对气候变化的心态，但是缺少定量化支持，实际操作中也面临诸多困难（夏先良，2009；崔连标等，2013）。

虽然目前世界上尚没有征收碳关税的实例，但是随着低碳经济的不断推进，碳关税很可能在不久变成现实。中国作为碳排放最多的发展中国家，如何提前选择好应对措施，化解发达经济体碳关税的负面影响，对推进中国实现节能减排、可持续发展以及应对气候谈判都具有重要意义。因此，本书基于主动减排的成本公平性原则的差异化碳税政策视角，探讨中国能否通过主动应对碳关税措施以应对美欧日等发达经济体碳关税威胁进行定量研究，以期为现有研究文献提供有益补充。

5.2　研究方法及数据处理

5.2.1　GTAP-E 模型

本书使用全球能源—环境分析（GTAP-E）模型定量分析中国主动应对碳关税的可行性。GTAP-E 模型是多部门、多区域的可计算一般均衡模型，其主要应用于国际贸易、污染物排放、气候变化等政策分析。GTAP-E 模型是在全球贸易分析计划（Global Trade Analysis Project，GTAP）模型的基础上，通过在生产模块新增能源替代性等模块构建和修改的（Burniaux & Truong，2002；Mcdougall & Golub，2007），其生产结构如图 5 - 1 所示。

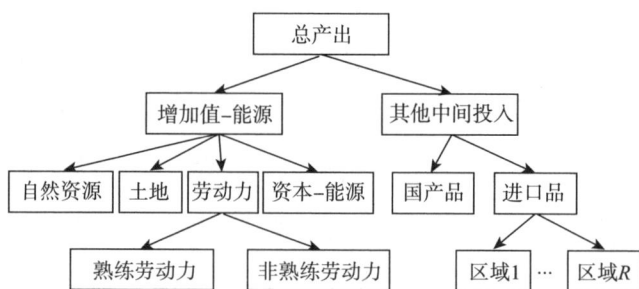

图 5 - 1　GTAP-E 生产结构图

本书以 GTAP-E 第 9 版数据库为数据基础，为了研究和分析的方便，需要对 GTAP-E 中的多区域和多部门进行合并：（1）将区域合并为中国、美欧日发达经济体和其他经济体；（2）将行业合并为农业、煤炭、原油、天然气、成品油、电力业、食品加工业、纺织服装业、木材加工业、造纸印刷业、化学制品业、非金属矿物制品业、金属冶炼加工业、金属制品业、交通运输设备制造业、通信电子设备制造业、机器设备制造业、其他制造业、服务业。

5.2.2　成本公平性原则的差异化碳税

由于资源禀赋、国际分工、经济发展水平等方面的差异，同类产品在不同经济体生产所产生的碳排放不尽相同，总体来看，发展中经济体生产同类产品的碳排放量要高于发达经济体。面对发达经济体正酝酿的碳税政策，如果发展中经济体主动征收与发达经济体同等碳税税率，那么相对发达经济体而言，发展中经济体的产品生产成本变得更高，进而处于相对劣势竞争状态。如果发展中经济体不主动征收碳税，那么发达经济体势必会以"碳泄露"为名开征碳关税,即发展中经济体被动接受碳关税。中国作为并将长期属于发展中经济体,无论是主动征收同等碳税还是被动接受碳关税,对其影响都是非常大的,再加之发达经济体主张征收碳关税违反了 1992 年《联合国气候变化框架公约》和 1997 年《京都议定书》中"共同但有区别的责任原则",基于这样的背景,本书提出了一种基于成本公平性原则的差异化碳税,即差异化碳税给发展中经济体和发达经济体带来的成本压力基本相当,经济体间产品相对价格和竞争优势在碳税实施前后没有发生变化,这种保护了各经济体发展权益的减排政策是比较容易接受的。

为简单起见,假设世界上只有两个经济体,每个经济体只包含一个企业,分别为 A、B。在应对气候变化国际大背景下,A、B 两企业生产单位产品的碳排放量分别为 Q_A 吨、Q_B 吨,并分别对其碳排放征收碳税 T_A 美元/吨、T_B 美元/吨。其中,P_A 美元、P_B 美元为 A、B 两企业碳税实施前的单位产品销售价格,而 P_A^* 美元、P_B^* 美元为其碳税实施后的单位产品销售价格。如果 A、B 两企业是完全竞争且满足零利润条件,则满足企业生产成本等于销售价格:

$$\begin{cases} P_A^* = P_A + Q_A T_A \\ P_B^* = P_B + Q_B T_B \end{cases} \qquad (5-1)$$

如果 A、B 企业产品相对价格在碳税实施前后保持不变即可实现两企业产品竞争优势不变,即 $\dfrac{P_A^*}{P_B^*} = \dfrac{P_A}{P_B}$,由此可以推导出:

$$\frac{P_A^*}{P_B^*} = \frac{P_A + Q_A T_A}{P_B + Q_B T_B} = \frac{P_A}{P_B} \Rightarrow \frac{Q_A}{P_A} T_A = \frac{Q_B}{P_B} T_B \Rightarrow S_A T_A = S_B T_B \quad (5-2)$$

其中,S_A 和 S_B 分别为 A、B 两企业的碳排放强度,由于假设一个经济体只包含一个企业,S_A 和 S_B 即为 A、B 两经济体单位 GDP 碳排放强度。公式(5-2)显示,碳税给 A、B 两企业带来的成本压力基本相当,故该碳税政策称之为成本公平性原则的差异化碳税。由于公式（5－2）考虑了不同经济体的发展阶段以及碳排放强度差异，即隐含着单位 GDP 碳排放强度较高的发展中经济体征收较低的碳税，而单位 GDP 碳排放强度较低的发达经济体征收较高的碳税，因此在一定程度上保护了发展中经济体的权益，具有更加公平性。

公式（5－2）同样可以拓展到多个经济体情形，假设世界上有 N 个经济体，经济体 i 的单位 GDP 碳排放强度为 S_i，那么为了保证成本公平性原则的差异化碳税实施前后各经济体产品相对竞争优势不变，只需碳税满足：

$$S_1 T_1 = S_2 T_2 = \cdots = S_N T_N \qquad (5-3)$$

根据已有研究，碳关税征收标准一般介于 10～100 美元/吨之间，且当前普遍采用 30～60 美元/吨，据此本书采用 40 美元/吨的碳关税征收标准。基于 GTAP-E 第 9 版数据库提供的碳排放量、GDP 数据，依据成本公平性原则的差异化碳税计算公式（5－3），如果美欧日征收 40 美元/吨碳税，相应的中国应在国内征收 10 美元/吨碳税。

5.2.3　碳关税等值税率

目前，还没有经济体出台相关碳关税政策，通常进口关税是从价征收的，需要将从量征收的碳关税转换成从价征收的碳关税等值税率。国内外学者普遍以产品生产过程中隐含碳排放为依据，通过化石能源消费换算得到碳关税，这也是目前 IPCC 建议使用的方法。因此，本书基于投入产出模型来换算碳关税等值税率，具体过程如下：首先，计算各行业直接碳排放强度 E。假设行业总产出为 X，碳排放量为 P，则行业直接碳排放强度为 E＝P/X；其次，计算各行业单位出口隐含碳排放 C。假设 A 为国内直接消耗系数矩阵，I 为单位矩阵，则根据投入产出模型，行业单位出口隐含碳排放为 C＝E＊(I－A)$^{-1}$；最后，计算各行业碳关税的进口关税等值 Δtms。假设碳关税征收标准为 t 美元/吨，出口产品的到岸价值为 VCIF，出口产品入境后的市场价值为 VPM（包含了进口关税），进口关税强度为 $tms = VPM/VCIF$（即出口产品入境后的市场价值与出口产品的到岸价值之比），$\triangle tms$ 为征收碳关税后进口关税强度（tms）变化百分比。改变关税强度使得关税多征收的部分等于碳关税，由此可得：$VPM * \Delta tms = t * VCIF * C$，通过化简可得碳关税的进口关税等值：$\Delta tms = t * VCIF * C / VPM$

基于 GTAP-E 第 9 版数据库提供的碳排放量（P）、总产出（X）、中间投入产出矩阵（A）、出口产品的到岸价值（VCIF），出口产品入境后的市场价值（VPM）等相关数据，如果美欧日发达经济体碳关税征收标准为 40 美元/吨，则根据公式可推算出相应的中国各行业出口至美欧日发达经济体的碳关税等值税率。

表 5 - 1　中国各行业出口至美欧日发达经济体的碳关税等值税率

行业	E（吨/美元）	C（吨/美元）	Δtms（%）
农业	0.000072	0.000415	1.56
煤炭	—	—	—
原油	—	—	—
天然气	—	—	—
成品油	—	—	—
电力	—	—	—
食品加工业	0.000067	0.000639	2.35
纺织服装业	0.000043	0.000851	3.07
木材加工业	0.000052	0.000795	3.15
造纸印刷业	0.000152	0.001226	4.90
化学橡胶及塑料制品业	0.000174	0.001358	5.29
非金属矿物制品业	0.000616	0.001858	7.17
金属冶炼加工业	0.000458	0.002151	8.55
金属制品业	0.000084	0.001659	6.48
交通运输设备制造业	0.000029	0.000937	3.68
通信电子设备制造业	0.000010	0.000666	2.65

行业	E（吨/美元）	C（吨/美元）	Δtms（%）
机器设备制造业	0.000028	0.001012	3.99
其他制造业	0.000019	0.000603	2.37
服务业	0.000097	0.000674	2.70

中国各行业出口美欧日发达经济体的碳关税等值税率存在显著差异。在 40 美元/吨的碳关税征收标准下，除能源行业部门外，金属冶炼加工业、非金属矿物制品业、金属制品业、化学橡胶及塑料制品业、造纸印刷业等行业的碳关税等值税率较高，分别为 8.55%、7.17%、6.48%、5.29%、4.90%，表明这些行业单位出口隐含碳较高，属于高碳行业部门，即产品生产过程中消耗了大量能源，排放了大量的二氧化碳。相反，农业、服务业、其他制造业、食品加工业、通信电子设备制造业等行业的碳关税等值税率较低，分别为 1.56%、2.70%、2.37%、2.35%、2.65%，表明这些行业单位出口的隐含碳相对较低，属于低碳行业部门，即行业在产品生产过程中消耗较少能源，排放了较少二氧化碳。需要注意的是，本书令化石能源行业（电力、天然气、煤炭、原油、成品油）的碳关税等值税率为 0，这是为了避免双重征税，因为国内已对化石能源征收了能源税。

5.3 减排政策情景设置

基于研究目的，本书设置了四种减排政策：第一种情景（S1）为美欧日发达经济体对本地区内产品征收 40 美元/吨碳税，设置这一种情景主要是用作参考；第二种情景（S2）为美欧日发达经济体对本地区内产品征收 40 美元/吨碳税，同时对中国出口至美欧日发达经济体的产品征收 40 美元/吨的碳关税，即中国被动接受碳关税；第三种情景

（S3）为美欧日发达经济体对本地区内产品征收 40 美元/吨的碳税，同时中国对本国内产品同等征收 40 美元/吨的碳税，即中国主动征收同等碳税；第四种情景（S4）为美欧日发达经济体对本地区内产品征收 40 美元/吨的碳税，同时中国对本国内产品差异化征收 10 美元/吨的碳税，即中国主动征收成本公平性原则的差异化碳税。

5.4　不同减排政策的经济影响分析

5.4.1　GTAP-E 模型的整体分析

四种不同的减排政策下，产品生产成本均是增加的，世界贸易品价格指数（pxwwld）上升，世界贸易量（qxwwld）下降；世界投资品价格（pcgdswld）上升，世界投资回报率（rorg）下降；全球消费者福利（WEV）下降，这意味着碳税和碳关税都是以牺牲消费者福利为代价的。

表 5－2　不同减排政策对全球宏观经济的影响（％）

变量	S1	S2	S3	S4
pcgdswld	0.6032	0.3107	0.4184	0.5245
pxwwld	0.4369	0.5181	0.8571	0.5725
qxwwld	－0.1475	－0.4933	－0.0615	－0.1122
rorg	－1.6156	－1.6711	－2.36	－1.8528
walras	0	0	0	0
WEV（百万美元）	－84316.53	－96070.49	－147368.23	－96671.45

5.4.2　实际 GDP 的影响分析

四种减排政策下，全球实际 GDP 均是下降的，其中情景 1 下降幅度最小，下降了 0.1183％；情景 3 下降幅度最大，下降了 0.2061％；

情景 S2 和情景 S4 下降幅度大致相同（非常接近），分别下降了 0.1345％、0.1353％。

具体来看，情景 1 下，美欧日发达经济体实际 GDP 下降了 0.2414％，而中国、其他经济体实际 GDP 分别上升 0.0561％、0.0231％。S2 情景下，美欧日发达经济体、中国实际 GDP 分别下降了 0.2519％、0.1020％，而其他经济体实际 GDP 小幅上升 0.0391％。相对情景 1 而言，情景 2 下美欧日发达经济体、中国实际 GDP 受冲击程度更大，分别下降了 0.1581％、0.0105％，表明征收碳关税是损人不利己的，会造成美欧日发达经济体与中国"双损"的局面。情景 3 下，美欧日发达经济体、中国的实际 GDP 分别下降了 0.2271％和 0.9635％，而其他经济体实际 GDP 上升 0.0479％。情景 3 会造成中国和全球实际 GDP 的大幅度下降，这是由于能源作为重要的中间投入要素，征收碳税将直接导致国内消费品和出口品的价格水平上升，降低国内和国际市场竞争力，最终造成实际 GDP 的大幅下降。情景 4 下，美欧日发达经济体、中国的实际 GDP 分别下降了 0.2372％和 0.1605％，而其他经济体的实际 GDP 小幅上升了 0.0312％。相对情景 3 而言，中国实际 GDP 上升了 0.8030％。

表 5-3　不同减排政策对各经济体实际 GDP 的影响（％）

地区	S1	S2	S3	S4
美欧日发达经济体	−0.2414	−0.2519	−0.2271	−0.2372
中国	0.0561	−0.1020	−0.9635	−0.1605
其他经济体	0.0231	0.0391	0.0479	0.0312
全球	−0.1183	−0.1345	−0.2061	−0.1353

5.4.3　居民福利的影响分析

全球居民福利变化与实际 GDP 变化趋势基本相同。四种减排政策下，全球居民福利（EV）均是下降的，其中情景 1 下降幅度最小，下降了 84316.53 百万美元；情景 3 下降幅度最大，下降了 147368.23 百万美元；情景 2 和情景 3 下降幅度大致相同，分别下降了 96070.49 百万美元和 96671.45 百万美元。

具体来看，情景 1 下，美欧日发达经济体的居民福利下降幅度最大，下降了 104032.88 百万美元，而中国、其他经济体的居民福利分别上升 13055.66 百万美元、6639.85 百万美元。情景 2 下，美欧日发达经济体、中国的居民福利分别下降了 86869.77 百万美元、25091.50 百万美元，而其他经济体的居民福利上升了 15870.15 百万美元。相对情景 1 而言，情景 2 下美欧日发达经济体的居民福利有所上升，这是因为征收碳关税带来了收入的增加，进而改善了美欧日发达经济体的居民福利。情景 3 下，美欧日发达经济体、中国的居民福利分别下降了 73470.79 百万美元、87804.96 百万美元，而其他经济体的居民福利上升了 13907.46 百万美元。情景 4 下，美欧日发达经济体、中国的居民福利分别下降 94888.75 百万美元、11770.73 百万美元，而其他经济体的居民福利上升了 9987.95 百万美元。相对情景 2、情景 3 而言，情景 4 下中国居民福利降幅明显减少，说明碳税和碳关税都是以牺牲消费者福利为代价的，征收碳税越高其居民福利下降越大，同时也说明了征收差异化碳税能成为发达经济体碳关税威胁的有效应对政策。

值得注意的是，相对情景 4（中国主动征收差异化碳税），情景 2 下（中国被动接受碳关税）美欧日发达经济体居民福利有所改善，主要在于两方面：（1）情景 4 下中国对国内征收差异化碳税要小于被美欧日发达经济体征收的碳关税税率，所以前者出口到美欧日发达经济体的商品相对便宜，从而减轻了美欧日发达经济体的居民福利损失；（2）情景 2 下的碳关税收入归美欧日发达经济体所有，收入增加引起消费相应增加，有助于改善美国居民福利。总体而言，美欧日发达经济体对中国征收碳关税有助于改善其居民福利。

表 5-4　不同减排政策对各经济体居民福利的影响（百万美元）

地区	S1	S2	S3	S4
美欧日发达经济体	−104032.88	−86869.77	−73470.79	−94888.75
中国	13055.66	−25091.50	−87804.96	−11770.73
其他经济体	6639.85	15870.15	13907.46	9987.95
全球	−84316.53	−96070.49	−147368.23	−96671.45

5.4.4　碳排放的影响分析

　　四种减排政策下，全球碳排放均呈现不同幅度下降，其中情景 2 下降幅度最小，下降 6.4722％；情景 3 下降幅度最大，下降 16.3627％；情景 1 和情景 4 分别下降 6.4812％和 10.8491％。情景 1、情景 2 两种减排政策下全球碳排放下降幅度差别不大，表明征收碳关税不是降低碳排放的有效手段，并不能促进全球碳排放的大幅下降。与此相反，情景 3、情景 4 两种减排政策下全球碳排放得到了大幅下降，表明征收碳税才是降低碳排放的有效手段，更符合全球经济体的整体利益。此外，四种减排政策的碳泄漏率依次为 3.0317％、2.9227％、1.2792％和 1.6932％，表明相比被动接受碳关税（情景 2）而言，主动征收碳税更有益于降低碳泄漏率。

　　具体来看，美欧日发达经济体碳排放在情景 S1 下降幅度最大，下降了 19.5960％；情景 3 下降幅度最小，下降了 19.5033％；情景 2、情景 4 分别下降了 19.5510％、19.5845％。中国碳排放在情景 1、情景 2 出现上升态势，分别上升了 0.0580％和 0.0049％；情景 3、情景 4 呈现下降态势，分别下降了 39.5027％和 17.3421％。其他经济体碳排放均呈现上升态势，情景 1 上升 0.4593％，情景 2 上升 0.4749％，情景 3 上升 0.5156％，情景 4 上升 0.4583％。

表 5-5　不同减排政策对各经济体碳排放的影响（%）

地区	S1	S2	S3	S4
美欧日发达经济体	−19.5960	−19.5510	−19.5033	−19.5845
中国	0.0580	0.0049	−39.5027	−17.3421
其他经济体	0.4593	0.4749	0.5156	0.4583
全球	−6.4812	−6.4722	−16.3627	−10.8491
碳泄漏率	3.0317	2.9227	1.2792	1.6932

5.4.5　不同减排政策的比较分析

对于中国而言，情景 3 与情景 4 均属于主动减排策略，通过情景 3 与情景 4 的比较可知，如果欧美日发达经济体、中国征收同等碳税标准，虽然能够大幅降低全球总的碳排放量，但会造成中国实际 GDP、居民福利大幅下降，经济持续衰退。然而，如果欧美日发达经济体、中国实施差异化征收碳税标准（体现了"共同但有区别责任原则"），除了能够大幅降低全球总的碳排放量，同时还不会造成中国实际 GDP、居民福利下降幅度和经济的持续衰退。因此，中国主动征收碳税政策情景 4 相对要优于情景 3。再通过情景 2 与情景 4 比较分析可知，情景 2 下中国实际 GDP 稍优于情景 4，但改善程度相对有限。然而，情景 4 下中国居民福利、碳排放以及全球碳排放等下降程度均远大于情景 2，因此，中国主动实施差异化碳税减排政策要优于被动接受碳关税政策（情景 2）。总体来说，中国与发达经济体征收差异化碳税（情景 4），能够成为中国应对发达经济体碳关税威胁的有效政策。

表 5-6　美欧日发达经济体与中国不同减排政策的比较分析

经济环境影响	美欧日发达经济体		中国	
	S2	S4	S2	S4
实际 GDP	×	√	√	×
居民福利	√	×	×	√
碳排放	—	—	×	√

续表

经济环境影响	美欧日发达经济体		中国	
	S2	S4	S2	S4
碳泄漏率	×	√	×	√
全球碳排放	×	√	×	√

注：—表示减排政策差别不大；×表示较劣的减排政策；√表示较优的减排政策。

　　总体来看，发达经济体征收碳关税，在减少碳排放和防止碳泄漏方面作用非常有限，容易造成"双损"局面，不是一种有效的减排政策；发达经济体与中国征收同等碳税，造成中国实际 GDP、居民福利大幅下降，经济持续衰退，不能有效应对发达经济体碳关税威胁；发达经济体与中国征收差异化碳税，全球碳排放量大幅下降，且中国实际 GDP、居民福利下降幅度得到有效控制，成为应对发达经济体碳关税威胁的有效政策。

第6章　能源安全视角下中国能源
高质量发展路径选择

能源行业作为国民经济发展的基础产业，"十四五"及中长期亟须统筹处理好能源安全与能源发展的关系。本章基于"十四五"及中长期我国能源高质量发展可能面临的风险挑战，着眼保障能源安全和应对气候变化两大目标任务，提出相应的能源高质量发展路径，为到二〇三五年基本实现社会主义现代化，到本世纪中叶把我国建成富强民主文明和谐美丽的社会主义现代化强国提供坚实能源安全保障。

6.1　"十四五"及中长期我国能源高质量
发展可能面临的风险挑战

党中央、国务院高度重视能源问题，始终把能源工作放在突出位置，明确提出"四个革命、一个合作"能源安全新战略，有力推动了能源高质量发展，保障了国民经济和社会发展的需要。当前我国仍处在大有可为的重要战略机遇期，但能源安全依然面临能源结构以煤炭为主，能源利用方式依然粗放，油气增产难度较大，新能源和可再生能源短期难以成为主体能源，生态环境约束加剧等诸多风险挑战。

6.1.1 能源结构以煤炭为主，实现碳达峰碳中和难度较大

我国"富煤、贫油、少气"的能源特点决定了以煤炭为主的能源消费结构，近年来，随着能源结构调整力度的加大，煤炭在我国一次能源消费结构中的比重有所下降，但 2020 年仍占全国能源消费总量的 56.8%，主体能源的地位依然没有改变。虽然未来 10 年能源结构将进一步优化，预期 2030 年非化石能源比重进一步优化至 25%，煤炭消费比重降至 45%左右，但短期内以煤炭为主的能源消费结构依然难以改变。我国是全球温室气体排放最大的国家，化石能源消费排放的二氧化碳占全国总排放量的 90%，能源二氧化碳排放量从 2005 年的 59.4 亿吨增加至 2019 年的 96.8 亿吨。同等标煤下煤炭、石油、天然气的二氧化碳排放系数分别为 2.66 吨、1.73 吨、1.56 吨/吨标煤，以煤炭为主的高碳能源消费结构对碳减排压力依然较大。

6.1.2 能源利用方式依然粗放，能源效率有待提升

我国能源利用方式依然比较粗放，2019 年我国经济总量约占世界的 14.3%，但能源消费总量却占世界的 24.3%，电力消费总量却占世界的 27.8%。2019 年我国单位国内生产总值（GDP）能耗约是世界平均水平的 1.5 倍，是美国的 2.2 倍，德国的 2.8 倍，日本的 2.7 倍，英国的 3.68 倍，同时也高于巴西、墨西哥等发展中国家；单位国内生产总值（GDP）电耗约是世界平均水平的 2.0 倍，是美国的 2.5 倍，德国的 3.2 倍，日本的 2.6 倍，英国的 4.6 倍。我国主要工业产品能耗与世界先进水平也存在一定差距，如造纸、钢铁、电解铝、水泥等高耗能行业均显著高于美国、日本。未来一段时期，我国仍将处于工业化、城镇化加快发展阶段，随着现代化深入推进和人民生活不断改善，能源需求还会增长。如果延续目前这种粗放用能方式和用能效率，难以实现

2030 年前碳达峰、2060 年前碳中和的目标。

6.1.3　油气供需缺口较大，对外依存度不断攀升

我国油气资源相对匮乏，石油、天然气人均剩余可采储量只有世界平均水平的 7.8% 和 15.0% 左右。2019 年我国每千人汽车保有量是 173 辆左右，而发达国家千人汽车保有量总体在 500—800 辆的水平，如美国的千人保有量为 837 辆、日本 591 辆、德国 589 辆。2019 年我国人均天然气消费量约为 220 立方米，相对世界平均水平 512 立方米仍有很大差距。同时，我国继 2017 年超过美国成为最大原油进口国后，2018 年我国超过日本成为最大天然气进口国，并且这一趋势还将继续。2019 年我国原油进口量 50572 万吨，同比增长 9.5%，石油对外依存度高达 70.8%；天然气进口量 9660 万吨，同比增长 6.9%，对外依存度高达 43%。总的来看，国内油气生产难以满足需求增长，很大程度上需要依靠进口，大量油气进口对我国经济社会稳定运行具有重要的影响。

6.1.4　能源清洁开发利用水平不高，生态环境难以承载

我国化石能源消费比重明显偏高，特别是 2019 年煤炭消费比重高达 57.9%，比世界平均水平高 31 个百分点左右。煤炭等化石能源的粗放使用，不仅带来了大量的二氧化硫、氮氧化物和烟尘等污染物排放，还产生了大量的温室气体排放，生态环境面临巨大压力。目前，我国碳排放量已超过美国，位居世界第一位，2019 年碳排放量高达 98.3 亿吨，占全球的 28.8%。同时，煤炭等化石能源大规模开采利用还会带来地表沉陷、耕地占用及地下水资源破坏等一系列生态环境问题。化石能源开发转化要消耗大量水资源，而我国煤炭资源和水资源呈逆向分布，晋陕蒙宁甘等地区煤炭资源产量超过全国的 60%，但水资源仅占全国的 4.8%。随着能源布局结构的调整，如处理不当，化石能源生产

开发与水资源、生态环境承载力的矛盾将会更加凸显。

6.1.5 体制问题依然突出，能源发展缺乏活力

我国能源价格市场化改革亟待深化，现行能源价格形成机制主要包括政府定价和垄断性价格，少部分能源行业为市场定价，不能有效发挥价格调节需求、鼓励竞争、节能减排、提高能效的作用。我国油气领域勘探开发竞争性不足，资源区块绝大部分属于少数几家油气公司，退出和流转机制不健全，其他市场主体难以进入，勘探开发集中在资源丰度高地区，风险勘探积极性不高，勘探投入不足。电网和油气管网体制与功能属性不匹配，投资主体相对单一，市场配置资源的作用没有得到充分发挥。能源行业管理职能分散，统筹协调机制不健全，难以适应未来能源生产消费与资源、环境、气候变化等紧密融合的管理需要。政府与市场的关系尚未理顺，政府职能转变没有完全到位。我国能源法律法规体系不完善，尚未出台《石油天然气法》《能源监管条例》等，而《能源法》《煤炭法》《电力法》《可再生能源法》《节约能源法》等也不适应新形势的需要，亟待修订。

6.1.6 能源科技创新依然不强，关键领域核心技术受制于人

随着新一轮科技革命和产业革命的加速兴起，互联网、物联网、大数据、云计算、人工智能等数字化的技术也日益融入能源产业。当前我国能源领域已形成具有较强国际竞争力的完整产业链，但与世界能源科技强国相比，与引领能源革命的要求相比，我国能源技术创新还有较大的差距。我国部分能源关键核心技术存在"卡脖子"和受制于人情况，油气精细化开采、燃气轮机、部分核电配套件及材料、电网系统核心处理器等产品尚不能实现全面自主，技术的"空心化"还没有根本解决。能源技术尤其是基础研究薄弱，氢能、燃料电池、碳排放等前沿技术和

投入以及研究有限，为实现跨越式发展的技术储备不足。企业原创性成果还不多，新能源、页岩气等新兴技术还是以引进消化吸收为主，创新的投入效益还不高。创新环境有待进一步完善，科技创新与能源产业发展结合不够紧密，对创新的激励不足。

6.1.7 国际竞争更趋激烈，利用境外资源不确定性突出

能源与世界政治、经济、军事、外交的关系十分密切，近年来发生的利比亚战争、伊朗核问题等地缘政治事件，都对世界能源格局产生了重要的影响，增加了国际能源供应的不确定性。印度及东盟国家经济快速发展，能源消费持续增长，这些国家与我国同样具有缺油少气的资源特征，将使我国利用境外能源资源面临更加激烈的竞争。同时，能源进口高度集中，导致我国能源供应极易受到国外政局的影响和控制，其中石油进口超过一半来自中东地区，严重超出世界安全标准30％；天然气进口主要来源于少数几个国家，气态天然气主要来自土库曼斯坦，液态天然气主要来自澳大利亚、卡塔尔、印度尼西亚、马来西亚。能源通道也存在较大隐患，我国能源输入通道比较单一，过度依赖海上集中运输能源，石油进口约80％通过马六甲海峡，形成了制约我国能源安全的"马六甲困局"。

此外，核电、燃气轮机、光伏、非常规油气和深海油气开发等部分关键设备和核心技术依赖进口，存在受制于人的风险。面对我国能源安全面临的风险和挑战，我们必须未雨绸缪、趋利避害，迎难而上、顺势而为，牢牢把握能源安全的主动权。

6.2 保障能源安全和应对气候变化目标下的能源高质量发展路径

当今世界正面临百年未有之大变局，我国能源发展正处于转型变革

的关键时期，面临着前所未有的机遇和挑战。我们要深入贯彻落实"四个革命、一个合作"能源安全新战略，不断强化推动新时代能源事业高质量发展的使命担当，为实现"两个一百年"奋斗目标、实现中华民族伟大复兴的中国梦提供更加坚实的能源保障，为如期实现 2030 年前碳达峰、2060 年前碳中和的目标作出能源贡献。

6.2.1 坚持能源规划科学指导，确保"双碳"目标如期实现

"十四五"时期，中国生态文明建设进入了以降碳为重点的战略方向，推动减污降碳协同增效、促进经济社会发展全面绿色转型、实现生态环境质量由量变到质变的关键时期。《能源发展"十四五"规划》与《煤炭工业发展"十四五"规划》《石油发展"十四五"规划》《天然气发展"十四五"规划》《电力发展"十四五"规划》等专项规划是引领"十四五"能源发展的重要纲领性文件，对能源发展具有一定的战略性、指导性和约束性，"十三五"期间能源行业部分发展目标存在超规划预期和滞后目标甚远的情况，亟须坚持能源规划的科学指导，国家、地方政府和行业层面均需严格按照规划的路线图和时间表推进各项目标任务的落实。一是国家层面将《能源发展"十四五"规划》与专项规划中的发展目标作为指导全国能源总体发展的指挥棒，将预期性和约束性指标纳入半年度监测范围，对于超规划预期或严重滞后年度发展目标的相关指标，需要根据实际情况调整相关能源项目的开工建设步伐。二是地方政府层面将本地能源发展总体规划与专项规划作为指导当地能源发展的根本遵循，同时加强与国家规划和周边省份规划的协调衔接，科学安排相关能源建设项目投资，减少不必要的盲目投资，坚决拿下不符合要求的高耗能、高排放项目。三是行业层面将各自行业专项规划作为指导本行业能源发展的宗旨，统筹好国家和地方两个维度的行业空间布局与总量控制，不突破国家和地方规划划定的规划红线，大力构建绿色低碳循

环发展的经济体系，推动能源、钢铁、有色、化工石化、建筑材料等产业绿色低碳改造。四是做好能源总体规划和专项规划的年度评估，全国和地方政府层面同时启动各自的能源总体规划和专项规划年度评估，行业层面在国家和地方两个维度同时启动煤炭、石油、天然气、电力等行业专项规划年度评估，对于发现的问题及时采取针对性强的举措予以解决，为顺利实现中国二氧化碳排放力争于 2030 年前达峰，努力争取 2060 年前实现碳中和目标奠定基础。

6.2.2　建立多元供应体系，推动能源供给革命

习近平总书记在十九大报告中将"推进能源生产和消费革命，构建清洁低碳、安全高效的能源体系"列入"加快生态文明体制改革，建设美丽中国"章节，对坚定不移推进能源供给侧结构性改革指明了方向，亟须把提升能源供给质量和效益始终作为主攻方向。一是坚持煤炭去产能的战略定力不动摇。随着单位 GDP 能耗持续下降和非化石能源快速发展，煤炭需求增长空间有限，煤炭市场供大于求的基本面不会根本改变，煤炭去产能的任务依然较为艰巨。煤炭行业要严格按照煤矿建设项目减量置换的红线要求，有序核准建设一批先进产能煤矿，加快形成一批生产效率高、单位产品能耗低、资源利用率高和环境保护水平高的先进产能，同时加快淘汰落后产能煤矿和引导有序退出煤矿。二是加快推进现代煤电基地外送电通道建设和煤炭运输通道建设，继续扩大"西电东送"规模，实施"北电南送"工程。推进煤电布局优化和技术升级，建立并完善煤电规划建设风险预警机制，严控煤电规划建设。三是稳步提高国内油气产量，放开资源勘探市场，加强国内常规油气资源勘探开发，加大页岩气、页岩油、煤层气等非常规油气资源调查评价，积极扩大规模化开发利用。四是大力发展非化石能源，积极发展水电，安全发展核电，全面推进风电开发，推动太阳能多元化利用，因地制宜发展生

物质能、地热能、海洋能等新能源。加强电源与电网统筹规划，切实解决弃风、弃水、弃光问题，提高可再生能源利用水平。五是充分发挥电力绿色低碳发展对于实现碳达峰、碳中和目标的关键作用。"十四五"期间组织开工实施一批具有全局带动性和目标导向性的电力重大工程以及电力基础设施、储能科技创新等重大项目。对纳入规划的电力重大项目，简化审批核准程序，优先保障规划选址、土地供应、能源供应、水资源供应和融资安排，确保如期完成。有序安排跨省区送电通道建设，进一步优化西电东送通道对资源配置的能力，协调均衡发展区域内各级电网，继续支持农村地区电网建设，加强充电基础设施配套电网建设与改造。六是统筹发展煤电油气多种能源输运方式，构建互联互通输配网络，打造稳定可靠的储运调峰体系，提升应急保障能力。

6.2.3 打造节约低碳用能新模式，推动能源消费革命

鼓励节约用能，提高能源效率，切实转变能源消费方式。一是调整优化产业结构，推进工业、交通等重点领域节能减排，通过淘汰落后产能、加快传统产业升级改造和培育新动能，提高能源效率。推行"一挂双控"措施，将能源消费与经济增长挂钩，对钢铁、水泥等高耗能产业和过剩产业实行能源消费总量控制强约束，其他产业按先进能效标准实行强约束，新增产能必须符合国内先进能效标准。二是煤炭清洁高效利用，大力发展清洁高效煤电，提高电煤在煤炭消费总量中的比重。控制煤炭消费总量，实施煤炭消费减量替代，积极推进煤炭分级分质梯级利用，大幅提高煤炭综合利用水平。三是全面加快成品油质量升级步伐，推进普通柴油、船用燃料油质量升级，推广使用生物质燃料等清洁油品。四是适当提高天然气消费比重，增加供应与提高能效相结合，有序拓展天然气在城镇燃气、交通运输、发电等领域的应用。五是全面满足电力需求，充分发挥电力消费对经济增长的压舱石作用。顺应产业发展

新趋势，全面保障新一代信息技术、新能源、新材料、高端装备、新能源汽车等战略性新兴产业和高技术服务业、科技服务业、战略性新兴服务业等现代服务业的用电需求。以满足人民群众美好生活用电需要为出发点和落脚点，深入实施电能替代，不断提高电能占终端能源消费比重。大力推广工业电锅炉（窑炉）、农业电排灌、船舶岸电、机场桥载设备、电蓄能调峰等，全面推进供电服务提质增效。顺应降低用电成本新要求，全面满足中小微企业用电需求。六是推动生产生活用能模式变革，健全节能标准体系，研发推广节能技术和产品，引导居民树立勤俭节约的消费观，形成注重节能的生活方式和社会风尚。

6.2.4　实施创新驱动发展战略，推动能源科技革命

加快推进能源重大技术研发、重大装备制造与重大示范工程建设，超前部署重点领域核心技术集中攻关。一是密切跟踪国际能源重大技术变革，加大科技研发投入，集中攻关页岩气、煤层气、页岩油、深海油气、燃气轮机、先进核电、大容量储能、能源基础材料等重大前沿技术，建设一批创新示范工程，推动先进产能建设，提高能源科技自主创新能力和装备制造国产化水平。二是构建市场导向的绿色技术创新体系，推进低碳、零碳、负碳和储能新材料、新技术、新装备的应用推广和示范，应用推广一批技术成熟、市场有需求、经济合理的技术，示范试验一批有一定技术积累但工艺和市场有待验证的技术，加速科技创新成果转化应用，实现产业化。三是加快能源科技创新体系建设，制定国家能源科技创新及能源装备自主化发展战略，推进能源科技研发，提升能源科技整体竞争力。创新能源新技术、新模式、新业态，激发微观市场主体技术创新内在动力。四是鼓励建设能源交易平台催生多种商业模式，带动构建新型能源生态系统。建立以企业为主体、市场为导向、产学研用相结合的创新体系，进一步激发能源企业、高校及研究机构的

创新潜能，推动建立一批能源技术创新联盟，推进技术集成创新。五是推进化石能源清洁化技术创新。加大对千万吨级煤炭综采成套、千万吨级煤炭洗选技术、燃煤发电机组清洁化技术、燃煤发电机组烟气超低排放技术、燃煤多种污染物高效协同脱除集成技术、煤炭利用与清洁煤技术、油气资源和煤层气的勘探开发技术、石油清洁汽油生产技术、二氧化碳捕获与埋存技术等化石能源清洁化技术的创新支持力度，鼓励企业自主联合科研院校共同攻关。

6.2.5 构建公平竞争市场体系，推动能源体制革命

发挥市场配置资源的决定性作用，深入推进能源重点领域和关键环节改革，构建公平竞争的能源市场体系。一是完善现代能源市场，放开竞争性领域和环节，实行统一市场准入制度，推动能源投资多元化。加快电力市场建设，培育电力辅助服务市场，健全促进可再生能源公平竞争的绿色定价机制、绿色税制和碳交易市场体系。二是推进能源价格改革，建立由市场供求状况、资源稀缺和环境成本程度决定的能源价格形成机制，建立适应市场有效竞争、适应能源结构调整和可持续发展的价格体系。三是深化石油天然气体制改革。在落实《关于深化石油天然气体制改革的若干意见》中提出的完善并有序放开油气勘查开采体制等八大重点改革任务的基础上，制定出台相关综合改革试点方案、专项改革配套文件等，地方政府相关部门和重点油气企业结合国家油气改革方向，进一步细化改革路线图和时间表，同时制定可操作可实施可监督的工作方案和配套措施，确保深化油气体制机制改革的各项举措落地生根。四是落实阶段性降电价政策，采取"支持性两部制电价"，降低企业用电成本。加强商业综合体、产业园区、写字楼等转供电环节收费行为监管，确保降电价红利及时足额传导到终端用户，增加企业获得感。五是持续深化"放管服"改革，创建高效能源管理与监管体制。健全能

源法律法规，加快修订《电力法》《煤炭法》，积极推进海洋石油天然气管道保护、核电管理、能源储备等行政法规的修订工作。六是加大对以新能源为主体的新型电力投资项目的监管力度。对纳入"十四五"规划的电力投资项目落实情况和开工建设情况进行不定期监管，重点对规划目标完成情况、前期工作开展情况，核准情况，以及是否按照进度计划开工建设，是否按照相关法律法规技术规范进行工程建设，项目投资进度计划和资金落实情况等进行监管。七是构建与碳达峰、碳中和相适应的投融资、财税、价格、绿色金融等政策体系，"十四五"期间建立碳定价机制，建设全国碳排放权、用能权交易市场。八是打造能源经济运行实时监测预测预警平台、能源技术创新成果共享平台、能源市场交易平台、能源投资项目在线审批平台、能源企业信用信息公示平台等平台体系，增加能源市场的公开透明度。

6.2.6　扩大对外开放，加强能源国际合作

统筹国内国际两个大局，充分利用两个市场、两种资源，坚持开放发展与"一带一路"战略不动摇，充分发挥能源产业投资密度大、产业链长、产业覆盖范围广的优势，深化能源国际合作，带动我国核电等优势产能走出去。一是贯彻落实习近平总书记在周边外交会议上的讲话精神，坚持"总体谋划、分类施策、互利互惠、掌握主动"的方针，巩固深化俄罗斯、中亚，扩大中东，拓展非洲，加强美洲，稳定亚太，着力建设长期可靠、安全稳定的重大海外能源基地，实现油气资源来源多元化。二是务实推进"丝绸之路经济带"和"21世纪海上丝绸之路"能源合作，巩固已有合作成果、拓展新的合作领域，延伸能源上下游项目合作，全面提升能源合作水平，带动装备制造、建造施工、服务贸易等相关领域合作。三是巩固和完善西北、东北、西南和海上四大油气战略进口通道，积极推进孟中印缅经济走廊和中巴经济走廊相关能源通道建

设，提升陆上通道进口油气比重。四是推动核电"走出去"。在国内行业优势产能富足和国家大力推进"中国制造 2025"的背景下，充分发挥我国华龙一号、CAP1400 和 AP1000 三种三代核电技术产品的核心技术优势，加大对沙特、阿联酋迪拜、南非、印尼等"一带一路"沿线重点国家和地区的核电走出去力度，通过核电技术输出带动技术标准、工程设计、装备制造、工程管理、工程建造、调试运行、设备维修、技术培训等核电产业链集成"走出去"。五是积极参与全球能源治理，加强与国际能源署等国际能源机构的交流与合作，提升我国在国际能源领域的影响力和话语权。

参考文献

[1] AC V, B W A K. Taking an option on the future: Subsidizing biofuels for energy security or reducing global warming-ScienceDirect [J]. Energy Policy, 2013, 56 (2): 543-548.

[2] Adom P K, Amakye K, Barnor C, et al. Shift in demand elasticities, road energy forecast and the persistence profile of shocks [J]. Economic Modelling, 2016, 55: 189-206.

[3] Alexeeva-Talebi V, Anger N. Developing Supra-European Emissions Trading Schemes: An Efficiency and International Trade Analysis [J]. Zew Discussion Papers, 2007.

[4] Amirnekooei K, Ardehali M M, Sadri A. Integrated resource planning for Iran: Development of reference energy system, forecast, and long-term energy-environment plan [J]. Energy, 2012, 46 (1): 374-385.

[5] Ang B W, Choong W L, Ng T S. Energy security: Definitions, dimensions and indexes [J]. Renewable and Sustainable Energy Reviews, 2015, 42: 1077-1093.

[6] Asselt H V, Brewer T. Addressing Competitiveness and Leakage Concerns in Climate Policy: An Analysis of Border Adjustment

Measures in the US and the EU [J]. Energy Policy, 2010, 38 (1): 42—51.

[7] Awerbuch S. Portfolio-Based Electricity Generation Planning: Policy Implications For Renewables And Energy Security [J]. Mitigation & Adaptation Strategies for Global Change, 2006, 11 (3): 693—710.

[8] Babonneau F, Kanudia A, Labriet M, et al. Energy Security: A Robust Optimization Approach to Design a Robust European Energy Supply via TIAM-WORLD [J]. Environmental Modeling & Assessment, 2012, 17 (1—2): 19—37.

[9] Baev P K. From European to Eurasian energy security: Russia needs and energy Perestroika [J]. Journal of Eurasian Studies, 2012, 3 (2): 177—184.

[10] Bahgat G. Israel's Energy Security: Regional Implications [J]. Middle East Policy, 2011, 18 (3): 25—34.

[11] Bambawale M J, Sovacool B K. China's energy security: The perspectiveof energy users [J]. Applied Energy, 2011, 88 (5): 1949—1956.

[12] Bang G. Energy security and climate change concerns: Triggers for energy policy change in the United States? [J]. Energy Policy, 2010, 38 (4): 1645—1653.

[13] Benz E, Trueck S. Modeling the price dynamics of CO emission allowances [J]. Energy Economics, 2009, 31 (1): 4—15.

[14] Bernier N B, Bélair, Stéphane. High Horizontal and Vertical Resolution Limited-Area Model: Near-Surface and Wind Energy Forecast Applications [J]. Journal of Applied Meteorology & Climatology, 2012, 51 (6): 1061—1078.

［15］ Bhringer C, Koschel H, Moslener U. Efficiency losses from over-lapping regulation of EU carbon emissions ［J］. Journal of Regulatory Economics, 2008, 33 （3）: 299—317.

［16］ Biermann F, Brohm R. Implementing the Kyoto protocol without the USA: the strategic role of energy tax adjustments at the border ［J］. Climate Policy, 2004, 4 （3）: 289—302.

［17］ Boersma T. Energy Security and Natural Gas Markets in Europe ［M］ // Energy Security and Natural Gas Markets in Europe-Lessons from the EU and the United States. 2015.

［18］ Brown, James D J. Energy security: Europe's new foreign policy challenge ［J］. European Security, 2009, 85 （4）: 1068—1069.

［19］ Burniaux J M, Martin J P, Nicoletti G, et al. GREEN a Multi-Sector, Multi-Region General Equilibrium Model for Quantifying the Costs of Curbing CO2 Emissions: A Technical Manual ［J］. Oecd Economics Department Working Papers, 1992.

［20］ Burniaux J M. GREEN : A global model for quantifying the costs of policies to curb CO _ 2 emissions ［J］. OECD Economic Studies, 1992, 19.

［21］ Burniaux J M, Truong P. GTAP-E: An Energy-Environmental Version of the GTAP Model ［R］. GTAP Technical Paper No. 16, 2002.

［22］ Buzarquis E, Domaniczky J, Barboza M. Greenhouse Gas Emission Evaluation for the Republic of Paraguay-Energy Forecast between 2013—2040 ［C］ // 2018 IEEE Biennial Congress of Argentina （ARGENCON） . IEEE, 2018.

［23］ Carlos M. Alaíz, Torres A, José R. Dorronsoro. Sparse Linear

Wind Farm Energy Forecast [C] // Artificial Neural Networks & Machine Learning-Icann. Springer-Verlag，2012.

[24] Castellani F，Burlando M，Taghizadeh S，et al. Wind Energy Forecast in Complex Sites with a Hybrid Neural Network and CFD based Method [J]. Energy Procedia，2014，45（1）：188－197.

[25] Cédric Clastres. Smart grids：Another step towards competition，energy security and climate changeobjectives [J]. Energy Policy，2011，39（9）：5399－5408.

[26] Chalvatzis K J，Rubel K. Electricity portfolio innovation for energy security：The case of carbon constrained China [J]. Technological Forecasting & Social Change，2015，100：267－276.

[27] Cheng，Zhang，Qunwei，et al. Scenario-based potential effects of carbon trading in China：An integrated approach [J]. Applied Energy，2016.

[28] Cherp A，Jewell J. The three perspectives on energy security：intellectual history，disciplinary roots and the potential for integration [J]. Current Opinion in Environmental Sustainability，2011，3（4）：202－212.

[29] Chester L. Conceptualising energy security and making explicit its polysemic nature [J]. Energy Policy，2010，38（2）：887－895.

[30] Christian，Lutz，Dietmar，et al. Energy Reference Forecast and Energy Policy Targets for Germany [J]. Die Unternehmung，2014，68（3）：154－163.

[31] Cohen G，Joutz F，Loungani P. Measuring energy security：Trends in the diversification of oil and natural gas supplies [J]. Energy Policy，2011，39（9）：4860－4869.

［32］ Coherent or inconsistent? Assessing energy security and climate policy interaction within the European Union ［J］. Energy Research & Social Science, 2015, 8: 1-12.

［33］ Cornell, Svante, Nilsson, Niklas. Europe's Energy Security: : Gazprom's Dominance and Caspian Supply Alternatives ［J］. Journal of Integrative Agriculture, 2008, 13 (1): 31-39.

［34］ Corner A, Venables D, Spence A, et al. Nuclear power, climate change andenergy security: Exploring British public attitudes ［J］. Energy Policy, 2011, 39 (9): 4823-4833.

［35］ Couto PA J, Rocha C A F, Monteiro F P, et al. Adaptive RNA Model for Very Short Energy Forecast Validated in the New Coronavirus Pandemic Context ［C］// 2020 IEEE International Autumn Meeting on Power, Electronics and Computing (ROPEC). IEEE, 2020.

［36］ Criqui P, Viguier L, Mima S. Marginal abatement costs of CO2 emission reductions, geographical flexibility and concrete ceilings: an assessment using the POLES model ［J］. Energy Policy, 1999, 27 (10): 585-601.

［37］ Dale B E. Cellulosic Biofuels and the Road to Energy Security ［J］. Environmental Science & Technology, 2011, 45 (23): 9823.

［38］ Daub M, Petersen E. The accuracy of a long - term forecast: Canadian energy requirements ［J］. International Journal of Energy Research, 2010, 5 (2): 141-154.

［39］ De Jong S, Schunz S. Coherence in European Union External Policy before and after the Lisbon Treaty: The Cases of Energy Security and Climate Change ［J］. European Foreign Affairs Review, 2012,

17（2）：169—186.

[40] Demailly D，Quirion P. European Emission Trading Scheme and Competitiveness：A CaseStudy on the Iron and Steel Industry [J]. Energy Economics，2008，30（4）：2009—2027.

[41] Dhillon S，Madhu C，Kaur D，et al. A Solar Energy Forecast Model Using Neural Networks：Application for Prediction of Power for Wireless Sensor Networks in Precision Agriculture [J]. Wireless Personal Communications，2020，112（4）：2741—2760.

[42] Du E，Cai L，Huang K，et al. Reducing viscosity to promote biodiesel for energy security and improve combustion efficiency [J]. Fuel，2018，211：194—196.

[43] Dumienski Z. The Search for Energy Security [M] // Non-Traditional Security in the Asia-Pacific. 2021.

[44] Ellerman A. Denny and Ian Sue Wing，"Absolute vs Intensity-based Emission Caps"，Climate Policy，vol. 3，no. 2，2003，pp. S7—S20.

[45] Energy security in ASEAN：A quantitative approach forsustainable energy policy [J]. Energy Policy，2016，90：60—72.

[46] Erahman Q F，Purwanto W W，Sudibandriyo M，et al. An assessment of Indonesia's energy security index and comparison with seventy countries [J]. Energy，2016，111：364—376.

[47] Eyland T，Zaccour G. Carbon Tariffs and Cooperative Outcomes [J]. Energy Policy，2014，65（2）：718—728.

[48] Fanchi J R. Energy Forecast Technologies [M] // A Companion to the Philosophy of Technology. Wiley-Blackwell，2012.

[49] Feng F U，Zheng L I，Linwei M A. Modeling China's energy dilem-

ma: Conflicts among energy saving, energy security, and CO2 mitigation [J]. Frontiers of Energy & Power Engineering in China, 2010, 4 (03): 295－300.

[50] Foo Y W, Goh C, Lim H C, et al. Evolutionary Neural Network Based Energy Consumption Forecast for CloudComputing [C] // International Conference on Cloud Computing Research & Innovation. IEEE, 2015.

[51] Fouré J, Guimbard H, Monjon S. Border Carbon Adjustment and Trade Retaliation: What Would be the Cost for the European Union? [J]. Energy Economics, 2016, 54 (2): 349－362.

[52] Futaci S M, Jaffres-Runser K, Comaniciu C. On Modeling Energy-Security Trade-offs for Distributed Monitoring in Wireless Ad hoc Networks [C] // Military Communications Conference. IEEE, 2008.

[53] Garbaccio R F, Ho M S, Jorgenson D W. Controlling carbon emissions in China [J]. Environment & Development Economics, 1999, 4 (4): 493－518.

[54] Garg A, Shukla P R. Coal and energy security for India: Role of carbon dioxide (CO2) capture and storage (CCS) [J]. Energy, 2009, 34 (8): 1032－1041.

[55] Georgiou G C. US energy security and policy options for the 1990s [J]. Energy Policy, 2000, 21 (8): 831－839.

[56] Ghatikar R, Yin R, Deshmukh R, et al. Characterization and Effectiveness of Technologies for India's Electric Grid Reliability and Energy Security [C] // IndiaSmart Grid Week. 2015.

[57] Gong X, Barrera J L C, Chang L, et al. Integrated Multi-Horizon Power and Energy Forecast for Aggregated Electric Water Heaters

[C] // 2018 IEEE Energy Conversion Congress and Exposition (ECCE). IEEE, 2018.

[58] Gracceva F, Zeniewski P. A systemic approach to assessing energy security in a low-carbon EU energy system [J]. Applied Energy, 2014, 123: 335—348.

[59] Greene D L. Measuring energy security: Can the United States achieve oil independence? [J]. Energy Policy, 2010, 38 (4): 1614—1621.

[60] Gros D. GlobalWelfare Implications of Carbon Border Taxes [R]. CESifo Working Paper, 2009, (1565): 1—26.

[61] Guirong W, Xiaofei L. China's Energy Security Strategy for Sustainable Development [J]. Petroleum Science, 2006, 3 (4): 43—45.

[62] Hanke, Benedikt, Agert, et al. Energy forecast for mobile photovoltaic systems with focus on trucks for cooling applications [J]. Progress in photovoltaics, 2017, 25 (7): 525—532.

[63] Hans, W, Gottinger. Greenhouse Gas Economics and Computable General Equilibrium-ScienceDirect [J]. Journal of Policy Modeling, 1998, 20 (5): 537—580.

[64] Hess, Glenn. Government Energy Forecast Projects Steady Demand. (cover story) [J]. Chemical Market Reporter, 2004, 265 (2): 1—25.

[65] Hoerner J A, Muller F. Carbon Taxes for Climate Protection in a Competitive World [M]. Canada: University of Maryland College Park, 1996.

[66] Hoffmann V H. EU ETS and Investment Decisions: [J]. Europe-

an Management Journal, 2007, 25 (6): 464—474.

[67] Hong Z. Energy security concerns of China and ASEAN: trigger for conflict or cooperation in the South China Sea? [J]. Asia Europe Journal, 2010, 8 (3): 413—426.

[68] Hooman Peimani. Energy Security and Geopolitics in the Arctic: Challenges and Opportunities in the 21st Century [M]. World Scientific, 2013.

[69] Hossen T, Nair A. Optimal Operation of Residential EVs using DNN and Clustering based Energy Forecast [C] // North American Power Symposium (NAPS 2018) .2018.

[70] Huang Q, Kobayashi H, Liu B. Energy/security scalable mobile cryptosystem [C] // IEEE International Symposium on Personal. IEEE, 2003.

[71] Hübler M (2009) Can Carbon BasedImport Tariffs Effectively Reduce Carbon Emissions? [R]. Kiel Working Papers, 2009, 50 (11): 315—327.

[72] Ikeda K, Ujita H, Tashimo M, et al. Long-Term Energy Forecast from Global Policy of CO2 Constraint and Nuclear Power [C] // Pacific Basin Nuclear Conference. 2004.

[73] Ilic D, Karnouskos S. Addressing energy forecast errors: an empirical investigation of the capacity distribution impact in a variable storage [J]. Energy Systems, 2014, 5 (4): 643—656.

[74] Ismer R, Neuhoff K. Border Tax Adjustments: A Feasible Way to Address Nonparticipation in Emission Trading [R]. Cambridge: University of Cambridge, 2004: 1—42.

[75] Jacobson, Mark Z. Review of solutions to global warming, air pol-

lution, and energy security [J]. Energy & Environmental Science, 2009, 2 (2): 148—173.

[76] Jagdish B, Mavroidis P C. Is Action Against US Exports for Failure to Sign Kyoto Protocol WTO-legal? [J]. World Trade Review, 2007, 6 (2): 299—310.

[77] Jain G. Energy security issues at household level in India-ScienceDirect [J]. Energy Policy, 2010, 38 (6): 2835—2845.

[78] Jan Seifert, Michael Wagner. Dynamic Behavior of CO2 Spot Prices-Theory and Empirical EvidenceJournal of Environmental Economics & Management [J], 2008, 56 (2) , pp. 180—194.

[79] Jean-Michel, Glachant, and, et al. Some Guideposts on the Road to Formulating a Coherent Policy on EU Energy Security of Supply [J]. The Electricity Journal, 2008, 21 (10): 13—18.

[80] Karthikeyan A, Shankar T, Chakka K, et al. Network lifetime maximization based on energy forecast and compressive sensing with integrated sink mobility for heterogenous wireless sensor networks [J]. Journal of Theoretical and Applied Information Technology, 2017, 95 (24): 6741—6751.

[81] Kennedy A. China's Petroleum Predicament: Challenges and opportunities in Beijing's search for energy security [M] // Rising China: GlobalChallenges and Opportunities. 2011.

[82] Kessides I N, Kuznetsov V. Small Modular Reactors for Enhancing Energy Security in Developing Countries [J]. Sustainability, 2012, 4 (8): 1806—1806.

[83] Kruyt B, Van Vuuren D P, De Vries H J M, et al. Indicators for energy security [J]. Energy Policy, 2009, 37 (6): 2166—2181.

[84] Kumar，Amit. Energy efficiency and renewable energy：Key routes to energy security [J]．Sensing for Agriculture & Food Quality & Safety V，2008，8721（4）：381—392.

[85] Lanteigne M. China's Energy Security and Eurasian Diplomacy：The Case of Turkmenistan [J]．Politics，2010，27（3）：147—155.

[86] Lefevre N. Measuring the energy security implications of fossil fuel resource concentration [J]．Energy Policy，2010，38（4）：1635—1644.

[87] Leiby P N，Rubin J. Energy securityimplications of a national low carbon fuel standard [J]．Energy Policy，2013，56（5）：29—40.

[88] Li K W，Levy J K，Buckley P. Enhancing National Security and Energy Security in the Post—911 Era：Group Decision Support for Strategic Policy Analysis under Conditions of Conflict [J]．Group Decision & Negotiation，2009，18（4）：369—386.

[89] Li X. Diversification and localization of energy systems for sustainable development and energy security [J]．Energy Policy，2005，33（17）：2237—2243.

[90] Liu Y，Lu Y. The Economic impact of different carbon tax revenue recycling schemes in China：A model-based scenario analysis [J]．Applied Energy，2015，141（mar. 1）：96—105.

[91] Lockwood B，Whalley J. Carbon-motivated Border Tax Adjustments：Old Wine in Green Bottles? [J]．World Economy，2010，33（6）：810—819.

[92] Lschel A，Ulf M，T. G. Rübbelke Dirk. Indicators of energy security in industrialised countries [J]．Energy Policy，2009，38：1665—1671.

[93] Lu S, Hwang Y, Khabibrakhmanov I, et al. Machine learning based multi-physical-model blending for enhancing renewable energy forecast-improvement via situation dependent error correction [C] // Control Conference. IEEE, 2015.

[94] Lutz C, Lindenberger D, Schlesinger M, et al. Energy Reference Forecast and Energy Policy Targets for Germany [J]. Swiss Journal of Business Research & Practice, 2014, 68 (3): 154—163.

[95] Mahmoud H M, Elkhodary S M, El-Debeiky S, et al. Special features of energy forecast methodology in fast growing countries [C] // Power System Conference. IEEE Xplore, 2008: 555—558.

[96] Makarov A A, Mitrova T A, Malakhov V A. World energy forecast and consequences for Russia [J]. Studies on Russian Economic Development, 2013, 24 (6): 511—519.

[97] Mansson A, Sanches-Pereira A, Hermann S. Biofuels for road transport: Analysing evolving supply chains in Sweden from an energy security perspective [J]. Applied Energy, 2014, 123 (15): 349—357.

[98] Marina González Vayá, Andersson G. Integrating renewable energy forecast uncertainty in smart-charging approaches for plug-in electric vehicles [C] // 2013 IEEE Grenoble Conference. IEEE, 2013.

[99] Mathews, Alexander P. Renewable Energy Technologies: Panacea for World Energy Security and Climate Change? [J]. Procedia Computer Science, 2014, 32 (1): 731—737.

[100] Mcdougall R, Golub A. GTAP-E: A Revised Energy-Environmental Version of the GTAP Model [R]. GTAP Research Memoranda No. 15, 2007.

[101] Mckibbin W J, Wilcoxen P J. The economic and environmental

effects of border tax adjustments for climate policy [R]. Brookings Institution, 2008, 1—37.

[102] Mckibbin, W J, Morris A C, Wilcoxen P J, et al. The Roleof Border Carbon Adjustments in a US Carbon Tax [J]. Climate Change Economics, 2018, 9 (1): 184—191.

[103] Miller R. Qatar, Energy Security, and Strategic Vision in a Small State [J]. Journal of Arabian Studies, 2020, 10 (1): 122—138.

[104] Miyata Y, Shibusawa H, Permana I, et al. The Impact of a Carbon Tax on the Economy of Makassar City [J]. 2018, 10.1007/978-981-10-8210-8 (Chapter 11): 181—195.

[105] Moore M O. Implementing Carbon Tariffs: A Fool's Errand? [J]. World Economy, 2011, 34 (11): 1679—1702.

[106] Mykoliuk O, Bobrovnyk V, Fostolovych V, et al. Modelling the Level of Energy Security at Enterprises in the Context of Environmentalization of Their Innovative Development [C] // 2020 10th International Conference on Advanced Computer Information Technologies (ACIT) . 2020.

[107] Nagy K. The additional benefits of setting up an energy security centre [J]. Energy, 2009, 34 (10): 1715—1720.

[108] Neuhoff K, Martinez K K, Sato M. Allocation, incentives and distortions: theimpact of EU ETS emissions alloConsidine T J, Larson D F. Substitution and technological change under carbon cap and trade : lessons from Europe [J]. Policy Research Working Paper, 2009. wance allocations to the electricity sector [J]. Climate Policy, 2006, 6 (1): 73—91.

[109] Oberndorfer U. EU Emission Allowances and the Stock Market:

Evidence from the Electricity Industry [J]. Zew Discussion Papers，2008，68 (4)：1116—1126.

[110] Ogliari E，Nespoli A，Mussetta M，et al. A Hybrid Method for the Run-Of-The-River Hydroelectric Power Plant Energy Forecast：HYPE Hydrological Model and Neural Network [J]. Forecasting，2020，2 (4)：410—428.

[111] Olsen J K B，Pedersen S A，Hendricks V F. Chapter 93. Energy Forecast Technologies [M] // A Companion to the Philosophy of Technology. Wiley-Blackwell，2009.

[112] Orlov A，Grethe H. Carbon taxation and market structure：A CGE analysis for Russia [J]. Energy Policy，2012 (51)：696—707.

[113] Perez R，Schlemmer J，Hemker K，et al. Solar energy forecast validation for extended areas & economic impact offorecast accuracy [C] // Photovoltaic Specialists Conference. IEEE，2016.

[114] Perezmora N，Canals V，MartínezMoll，Víctor. Short-Term Spanish Aggregated Solar Energy Forecast [M] // Advances in Computational Intelligence. Springer International Publishing，2015.

[115] Perez-Mora N，Canals V，Víctor Martínez Moll. Short-Term Spanish Aggregated Solar Energy Forecast [C] // International Work-conference on Artificial Neural Networks. Springer，Cham，2015.

[116] Piazza A D，Piazza M C D，Ragusa A，et al. Environmental data processing by clustering methods for energy forecast and planning [J]. Renewable Energy，2011，36 (3)：1063—1074.

[117] Pimentel D. Ethanol fuels：Energy security，economics，and the environment [J]. Journal of Agricultural & Environmental Eth-

ics, 1991, 4 (1): 1—13.

[118] Porrini C, Gutierrez A, Boezio G C, et al. Development of a Model Output Statistic and implementation of an operational solar photovoltaic energy forecast model based in WRF [C] // Innovative Smart Grid Technologies Latin America. IEEE, 2016.

[119] Prado, FA, Athayde, et al. How much is enough? An integrated examination of energy security, economic growth and climate change related to hydropower expansion in Brazil [J]. Renewable & sustainable energy reviews, 2016, 53: 1132—1136.

[120] Qi T, Winchester N, Karplus V J, et al. An analysis of China's climate policy using the China in Global Energy Model [J]. Economic modelling, 2016, 52 (1): 650—660.

[121] Rahman D M, Sakhawat N B, Amin R, et al. A Study on Renewable Energy as a Sustainable Alternative for Ensuring Energy Security in Bangladesh and Related Socio-Economic Aspects [J]. Engineering Journal, 2012, 16 (2): 47—52.

[122] Rastogi S, Roulet G, Ortbals M. Total energy forecast model for rural distribution cooperatives [C] // Rural Electric Power Conference. IEEE, 2002.

[123] Rasul G. Food, water, and energy security in South Asia: A nexus perspective from the Hindu Kush Himalayan region ☆ [J]. Environmental Science & Policy, 2014, 39 (5): 35—48.

[124] Renczes, Balazs, Brajnovits, et al. Statistical correction of the wind energy forecast at the HungarianMeteorological Service [J]. Idojaras, 2017, 121 (2): 137—160.

[125] Rocchi P, Serrano M, Roca J, et al. Border Carbon Adjustments

Based on Avoided Emissions: Addressing the Challenge of Its Design [J]. Ecological Economics, 2018, 145 (3): 126—136.

[126] Sam R, Doug S. Globalizing West African oil: US 'energy security' and the global economy [J]. International Affairs (4): 903—921.

[127] Sanchez I. Adaptive Combination of Forecast With Application to Wind Energy Forecast [C] // Probabilistic Methods Applied to Power Systems, 2006. PMAPS 2006. International Conference on. IEEE, 2007.

[128] Shami, Charles. Empirical relationships between U. S. energy consumption and U. S. real GDP, annual data, 1900—2000 with a U. S. energy forecast to 2030 [J]. Nihon University Economic Review, 2009, 79: 215—229.

[129] Sharifuddin S. Methodology for quantitatively assessing the energy security of Malaysia and other southeast Asian countries [J]. Energy Policy, 2014, 65 (feb.): 574—582.

[130] Sheffield J W. Energy Security Through Hydrogen [M] // Assessment of Hydrogen Energy forSustainable Development. 2007.

[131] Sijm J, Neuhoff K, Chen Y. CO2 cost pass-through and windfall profits in the power sector [J]. Climate Policy, 2006, 6 (1): 49—72.

[132] Siriwardana M, Meng S, Mcneill J. A CGE assessment of the Australian carbon tax policy [J]. International Journal of Global Energy Issues, 2013, 36 (2—3—4): 242—261.

[133] Snow N. EIA: World energy forecast reflects higher oil prices [J]. Oil and Gas Journal, 2006, 104 (25): 34—35.

[134] Sovacool B K, Mukherjee I, Drupady I M, et al. Evaluating ener-

gy security performance from 1990 to 2010 for eighteen countries-ScienceDirect [J]. Energy, 2011, 36 (10): 5846—5853.

[135] Sovacool B K, Mukherjee I. Conceptualizing and measuring energy security: A synthesized approach [J]. Energy, 2011, 36 (8): 5343—5355.

[136] Sovacool B K, Rafey W, Cohen R. Snakes in the Grass: The Energy Security Implications of Medupi [J]. Electricity Journal, 2011, 24 (1): 92—100.

[137] Spangenberg J H, Settele J. Neither Climate Protection nor Energy Security: Biofuels for Biofools? [J]. Uluslararasi Iliskiler, 2009, 5 (20): 89—108.

[138] Springmann, Marco. A Look Inwards: Carbon Tariffs Versus Internal Improvements in Emissions-trading Systems [J]. Energy Economics, 2012, 34 (2): 228—239.

[139] Stergaard J, Bindner H, Ziras C, et al. Energy Security Through Demand-Side Flexibility: The Case of Denmark [J]. IEEE Power and Energy Magazine, 2021, 19 (2): 46—55.

[140] SyunkovaA. WTO-Compatibility of four categories of U. S. climate change policy [R]. Washington DC: National Foreign Trade Council (NFTC), Inc. , 2007: 1—33.

[141] Tidwell A S D, Smith J M. Morals, Materials, and Technoscience: The Energy Security Imaginary in the UnitedStates [J]. Science Technology & Human Values, 2015, 40 (5): 687—711.

[142] Tirado-Herrero S, Rge-Vorsatz D, Arena D, et al. Co-benefits quantified: employment, energy security and fuel poverty implications of the large-scale, deep retrofitting of the Hungarianbuilding

stock [C] // Proceedings of the ECEEE Summer Study. 2011.

[143] Umbach F. Global energy security and the implications for the EU [J]. Energy Policy, 2010, 38 (3): 1229—1240.

[144] Utama N A, Ishihara K N, Tezuka T, et al. Energy Demand Forecast for South EastAsia Region: An Econometric Approach with Relation to the Energy Per Capita "Curve [J]. 2013.

[145] Valdes Lucas, Javier Noel, Escribano Frances, Gonzalo, San Martin Gonzalez, Enrique. Energy security and renewable energy deployment in the EU: LiaisonsDangereuses or Virtuous Circle? [J]. Renewable and Sustainable Energy Reviews, 2016, 62 (sep.): 1032—1046.

[146] Valentine S V. Emerging symbiosis: Renewable energy and energy security [J]. Renewable and Sustainable Energy Reviews, 2011, 15 (9): 4572—4578.

[147] Vasquez-Arnez R L, Jardini J A, Casolari R, et al. A methodology for electrical energy forecast and its spatial allocation over develo- ping boroughs [C] // Transmission and Distribution Conference and Exposition, 2008. T&D. IEEE/PES. IEEE, 2008.

[148] Vaya M G, Andersson G. Integrating renewable energy forecast uncertainty in smart-charging approaches for plug-in electric vehi- cles [C] // PowerTech (POWERTECH), 2013 IEEE Grenoble. IEEE, 2013.

[149] Veel P E. Carbon Tariffs and the WTO: An Evaluation of Feasible Policies [J]. Journal of International Economic Law, 2009, 12 (3): 749—800.

[150] Vivoda V. Diversification of oil import sources and energy securi-

ty: A key strategy or an elusive objective? [J]. Energy Policy, 2009, 37 (11): 4615—4623.

[151] Von Hippel D, Suzuki T, Williams J H, et al. Energy security and sustainability in Northeast Asia [J]. Energy Policy, 2011, 39 (11): 6719—6730.

[152] Weitzman Martin L., "Prices vs Quantities", Review of Economic Studies, vol. 41, no. 4, 1974, pp. 477—91.

[153] Xavier Labandeira, Baltazar Manzano. Some Economic Aspects of Energy Security [C] // Economics for Energy, 2014.

[154] Yang X, Guo S, Yang H T. The application of the multi-scale wavelet neutral network energy consumption forecast model in the steel corporation [C] // IEEE International Conference on Automation & Logistics. IEEE, 2008.

[155] Yasuoka J, Jr R A S, José A. JARDINI, et al. Demand and energy forecast: Investigation of driving factors [C] // International Conference & Exhibition on Electricity Distribution. IET, 2005.

[156] Yasuoka J, Souza R A, Jardini J A, et al. Demand and energy forecast: Investigation of driving factors [C] // Electricity Distribution, 2005. CIRED 2005. 18th International Conference and Exhibition on. 2005.

[157] Yazid Dissou & Qian Sun. GHG Mitigation Policies and Employment: A CGE Analysis with Wage Rigidity and Application to Canada [J], Canadian Public Policy,, 2013, vol. 39 (s2), pages 53—66.

[158] Youngs R. Foreign Policy and Energy Security: Markets, Pipelines, and Politics [M] // Toward a Common European Union

Energy Policy. Palgrave MacmillanUS，2011.

[159] Yueh L. An International Approach to Energy Security [J]. Global Policy，2010，1（2）：216－217.

[160] Zachmann G，Hirschhausen C V. First evidence of asymmetric cost pass-through of EU emissions allowances：Examining whole-sale electricity prices in Germany [J]. Economics Letters，2008，99（3）：465－469.

[161] Zhang D，Rausch S，Karplus V J，et al. Quantifying Regional E-conomic Impacts of CO2 Intensity Targets in China [J]. Energy Economics，2013，40（2）：687－701.

[162] Zhang Z，Zhu K，Hewings D. The Effects of Border-crossing Fre-quencies Associated with Carbon Footprints on Border Carbon Adjustments [J]. Energy Economics，2017，65（6）：105－114.

[163] Zhu N P，Qian L H，Jiang D，et al. A Simulation Study of China's Im-posing Carbon Tax Against American Carbon Tariffs [J]. Jour-nal of Cleaner Production，2020，（243）：1－12.

[164] 艾更之. 湖南能源消费现状及未来能源需求预测 [J]. 预测，1994（04）：18－24.

[165] 毕清华，范英，蔡圣华，等. 基于 CDECGE 模型的中国能源需求情景分析 [J]. 中国人口·资源与环境，2013，23（1）：41－48.

[166] 曹建华，邵帅. 国民经济安全研究：能源安全评价研究 [M] // 国民经济安全研究：能源安全评价研究. 上海财经大学出版社，2011.

[167] 曾鸣，张硕. "十四五" 电力规划的综合能源发展探析 [J]. 中国电力企业管理，2020，598（13）：27－29.

[168] 柴麒敏. 全球气候变化综合评估模型（IAMC）及不确定型决策研究 [D]. 北京：清华大学，2010.

[169] 陈国明，朱高庚，朱渊. 深水油气开采安全风险评估与管控研究进展 [J]. 中国石油大学学报（自然科学版），2019，43（05）：136—145.

[170] 陈军才. 广东省能源需求预测及供需分析 [J]. 统计与预测，2002（02）：35—37.

[171] 陈凯，郑畅，史红亮. 能源安全评价 [M]. 经济科学出版社，2013.

[172] 陈敏曦. "十四五"及未来时期煤电在系统中的定位及作用 [J]. 中国电力企业管理，2019，577（28）：18—23.

[173] 陈培友，刘璐. 基于PSO-SVR模型的能源需求预测 [J]. 经营与管理，2014（03）：85—87.

[174] 陈卫东，朱红杰. 基于粒子群优化算法的中国能源需求预测 [J]. 中国人口资源与环境，2013（03）：39—43.

[175] 陈兆荣，雷勋平. 基于熵权可拓的我国能源安全评价模型 [J]. 系统工程，2015，033（007）：153—158.

[176] 程蕾. 新时代中国能源安全分析及政策建议 [J]. 中国能源，2018，40（2）：10—15.

[177] 储气设施建设为何迟滞不前？[N]. 中国能源报，2020-09-19.

[178] 崔连标，朱磊，范英. 碳关税背景下中国主动减排策略可行性分析 [J]. 管理科学，2013，26（1）：101—111.

[179] 崔庆安. 基于主成分分析与支持向量机的能源需求预测方法 [J]. 统计与决策，2013（17）：70—72.

[180] 邓郁松. 沿着市场化的方向完善天然气价格形成机制 [J]. 创新时代，2013（7）.

[181] 低油价下，"增储上产"难题如何破解？[N]. 中国能源报，

2020-08-03.

[182] 翟永平，吉华．发展中国家能源需求预测模型［J］．数量经济技术经济研究，1988（11）：65－68.

[183] 杜祥琬．我国能源安全观及战略要素的新思考［J］．西部资源，2014，（2）：48.

[184] 樊纲，马蔚华．中国能源安全：现状与战略选择［M］．北京：中国经济出版社，2012.

[185] 樊纲．不如我们自己先征碳关税［J］．资源再生，2009，（9）：40－41.

[186] 范爱军，万佳佳．基于因子分析法的中国能源安全综合评价［J］．开发研究，2018，195（02）：96－102.

[187] 范英，姬强．中国能源安全研究——基于管理科学的视角［M］．科学出版社，2013.

[188] 房树琼，杨保安，余垠．国家能源安全评价指标体系之构建［J］．中国国情国力，2008（03）：32－36.

[189] 封红丽．天然气消费"十二五"规划目标难以实现，未来又将何去何从——天然气逆替代难题如何解开［J］．中国石油和化工，2016（12）.

[190] 冯烽，白重恩．广东省能源需求预测与碳排放达峰路径研究——基于混合单位能源投入产出模型［J］．城市与环境研究，2019（2）：8－27.

[191] 冯亚娟，刘晓恺，张波．基于 QGA—LSSVM 的能源需求预测［J］．科技与经济，2014（03）：56－60.

[192] 付佳鑫、刘颖琦、李孥．北京市天然气消费影响因素分析研究［J］．中国能源，2020，42（10）：48－53.

[193] 高迪，任庚坡，李琦芬，等．上海工业用能形势及经济景气情况

预判 [J]. 上海节能，2019（07）：548－552.

[194] 高建，董秀成．天然气消费量自组织数据挖掘预测研究 [J]．统计与决策，2008（7）.

[195] 宫海军．新常态下石油经济形势发展研究 [J]．中国市场，2019（6）：56，62.

[196] 郭建新，陈德棉．我国城市天然气输配设备市场前景分析与容量测算 [J]．城市燃气，2006（3）.

[197] 郭焦锋：盘点"十三五"我国天然气发展．上海石油天然气交易中心．

[198] 郭金栋，王恩元．煤炭能源安全测度指标体系与综合评价 [J]．中国安全科学学报，2010，20（011）：112－118.

[199] 郭莉．基于灰色模型的中国能源需求预测 [J]．西安科技大学学报，2011，31（004）：398－402.

[200] 郭伟，张宇，张彤．基于因子分析和 3 西格玛法则的中国能源安全评价 [J]．西安工程大学学报，2013（05）：648－654.

[201] 国家能源局石油天然气司，国务院发展研究中心资源与环境政策研究所，自然资源部油气资源战略研究中心．中国天然气发展报告（2020）[M]．北京：石油工业出版社，2020.

[202] 国务院发展研究中心资源与环境政策研究所，北京大学能源研究院，清华大学能源互联网创新研究院等．中国天然气高质量发展报告（2020）[M]．北京：石油工业出版社，2020.

[203] 韩君，梁亚民．趋势外推与 ARMA 组合的能源需求预测模型 [J]．兰州商学院学报，2005（06）：92－95.

[204] 韩睿．能源需求预测误差成因研究及启示 [D]．北京理工大学，2015.

[205] 韩晓平．对于"十四五"电力规划的若干思考 [J]．中国电力企

业管理，2020，598（13）：33－36.

[206] 何立华，杨盼，鹿学文．中国天然气消费非负权重最优组合预测
[J]．甘肃科学学报，2015，27（5）.

[207] 何维达，吴玉萍．国家能源产业安全的评价与对策研究［M］．经
济管理出版社，2010.

[208] 何贤杰，盛昌明，王峰．我国能源安全形势评价战略选择及对策
建议［J］．中国国土资源经济，2011，24（06）：13－16.

[209] 何贤杰，吴初国，盛昌明．我国能源安全评价及对策研究［M］.
中国大地出版社，2010.

[210] 胡国松，张欢．世界天然气消费趋势及我国天然气消费的策略
［J］．天府新论，2010（1）.

[211] 胡剑波，吴杭剑，胡潇．基于 PSR 模型的我国能源安全评价指标
体系构建［J］．统计与决策，2016，08（8）：62－64.

[212] 胡健，孙金花．能源消耗弹性控制下的区域能源安全动态评价
［J］．安全与环境学报，2016，16（005）：25－30.

[213] 黄坤，罗宁，朱小华，等．R/S 分析方法在天然气消费量变化预
测中的应用［J］．西南石油大学学报自然科学版，2007（s1）.

[214] 黄赜琳，傅冬绵．结构变化、效率改进与能源需求预测——基于
上海市经济增长与能源消耗协调发展的研究［J］．上海财经大学
学报，2007，9（002）：74－81.

[215] 江敏．基于主成分分析和支持向量机相结合的天然气消费量预测
［J］．科技通报，2013（12）.

[216] 姜克隽，胡秀莲，庄幸，等．中国 2050 年低碳情景和低碳发展
之路［J］．中外能源，2009，14（6）：1－7.

[217] 井然．加快推进市场化改革促进新能源可持续经济发展［J］．中
国电力企业管理，2020（7）：20－23.

[218] 井然 . 以节能提效为引领 推动 "十四五" 低碳转型 [J]. 中国电力企业管理, 2020, 598 (13): 16—20.

[219] 雷闪, 黄山明, 邹伟 . 国外机构报告的石油需求峰值研究与启示 [J]. 国际石油经济, 2020, (2).

[220] 黎诣远, 刘三章同 . 宏观经济及其能源需求预测 [M]. 清华大学出版社, 1984.

[221] 李冰川 . 我国经济发达省份能源安全评价——以广东省和福建省为例 [J]. 煤炭经济研究, 2018, 38 (07): 31—35.

[222] 李博, 靳取 . 三种能源需求预测方法的比较分析——以四川省为例 [J]. 吉林工商学院学报, 2009 (01): 20—25.

[223] 李春荣 . 吉林省交通运输行业能源消耗分析与能源需求预测研究 [D]. 吉林大学, 2012.

[224] 李根, 张光明, 朱莹莹, 等 . 基于改进 AHP-FCE 的新常态下中国能源安全评价 [J]. 生态经济, 2016 (10): 27—31.

[225] 李晗 . 新常态背景下石油经济形势发展趋势分析 [J]. 中国市场, 2020, No.1039 (12): 63—64.

[226] 李宏勋, 崔宾, 程栋栋 . 基于面板数据的中国三大区域天然气消费影响因素比较分析 [J]. 甘肃科学学报, 2016, 28 (2).

[227] 李继峰, 张亚雄 . 基于 CGE 模型定量分析国际贸易绿色壁垒对我国经济的影响——以发达国家对我国出口品征收碳关税为例 [J]. 国际贸易问题, 2012 (5): 105—118.

[228] 李剑, 佘源琦, 高阳, 等 . 中国天然气产业发展形势与前景 [J]. 天然气工业, 2020, 040 (004): 133—142.

[229] 李健, 郭姣, 苑清敏 . 京津冀协同发展背景下能源需求预测与政策影响研究 [J]. 干旱区资源与环境, 2018, 32 (05): 5—11.

[230] 李金铠 . 中国未来能源需求预测与潜在危机 [J]. 财经问题研

究，2009（02）：16—21.

[231] 李君臣，董秀成，高建. 我国天然气消费的系统动力学预测与分析 [J]. 天然气工业，2010，30（4）.

[232] 李凯风，王敏敏，宋鹏鹏. 中国新能源金融安全状况评价 [J]. 会计之友，2014（01）：17—21.

[233] 李雷，范莹莹. 竞争有序前提下促进中国天然气产业高质量发展的思考 [J]. 中外能源，2020.

[234] 李孟刚. 应重新评估核电在能源安全中的战略地位 [J]. 经济研究参考，2009（06）：39—40.

[235] 李孥，王建良. 新冠肺炎疫情对天然气行业影响评估 [J]. 煤炭经济研究，2020，v.40；No.466（04）：21—26.

[236] 李丕东. 中国能源环境政策的一般均衡分析 [D]. 厦门：厦门大学，2008.

[237] 李品，张金锁. 区域能源供给安全水平动态性评价——以西北和东北能源富集区为例 [J]. 西安科技大学学报，2019，39（01）：152—159.

[238] 李睿，孙婧雅，肖占宇. 我国"十四五"能源规划的六大重点 [J]. 新能源经贸观察，2019（06）：44—45.

[239] 李维杰，徐明才. 回归模型方法与能源需求预测 [J]. 应用能源技术，1996（04）：28—31.

[240] 李雪慧，史丹. 全球能源格局变动，中国的能源安全状况改善了吗？[J]. 中国能源，2017，39（9）：25—31.

[241] 李雪慧，史丹. 新形势下我国能源安全的现状及未来战略调整 [J]. 中国能源，2016，38（7）：11—16.

[242] 李吟天. 改善天然气消费结构适度发展天然气发电 [J]. 石油规划设计，1997（1）.

[243] 李云鹤，肖建忠，黎明. 中国天然气能源安全评价研究 [J]. 华中师范大学学报（自然科学版），2020，v.54；No.190（02）：159－169＋178.

[244] 李长胜，姬强，范英. 基于周期理论的 2010 年中国能源需求预测 [J]. 中国能源，2010，32（04）：23－26.

[245] 李哲，张淑英. 基于多项式趋势面分析理论的天然气需求预测 [J]. 资源与产业，2008，10（2）.

[246] 李作光，郑起君，胡云飞，等. 天然气消费预测原始数据预处理方法研究 [J]. 内蒙古石油化工，2008，34（11）.

[247] 梁强，许文，苏明. 基于 CGE 模型的税收政策控煤效果分析 [J]. 财政科学，2016（05）：10－38＋69.

[248] 林昊. 我国"十四五"能源规划的六大重点 [J]. 能源研究与利用，2019，188（04）：8－9.

[249] 林卫斌，苏剑，周晔馨. 新常态下中国能源需求预测：2015—2030 [J]. 学术研究，2016（03）：106－112.

[250] 刘朝明，蒋朝哲. 四川省能源需求预测与开发战略研究 [M]. 西南交通大学出版社，2007.

[251] 刘广生，郭祥凤，付浩玥，等. 我国天然气消费影响因素研究——基于协整分析和误差修正模型 [J]. 甘肃科学学报，2015，27（2）.

[252] 刘浩. 我国天然气消费利用现状和发展趋势 [J]. 中国科技投资，2016（21）.

[253] 刘嘉，陈文颖，刘德顺. 中国能源服务需求预测模型 [J]. 清华大学学报（自然科学版），2010（03）：481－484.

[254] 刘立涛，沈镭，高天明，等. 中国能源安全评价及时空演进特征 [J]. 地理学报，2012，067（012）：1634－1644.

[255] 刘茜，邱官升. 天然气汽车市场推广的现存问题及对策 [J]. 陕

西交通职业技术学院学报，2011（3）.

[256] 刘士超. 浅析天然气消费需求的影响因素 [J]. 商品与质量·学术观察，2012（7）.

[257] 娄峰. 碳税征收对我国宏观经济及碳减排影响的模拟研究 [J]. 数量经济技术经济研究，2014，31（10）：84－96＋109.

[258] 卢二坡. 组合模型在我国能源需求预测中的应用 [J]. 数理统计与管理，2006（05）：505－511.

[259] 卢全莹，柴建，朱青，等. 天然气消费需求分析及预测 [J]. 中国管理科学，2015（s1）.

[260] 鲁德宏. 我国天然气中长期消费水平的预测 [J]. 油气储运，2002，21（11）.

[261] 陆忠伟. 国家战略与安全形势评估 [M]. 时事出版社，2005.

[262] 路萍，王昕，李雨桐，等. 区域建筑能源需求预测基准模型的构建——以深圳市公共建筑为例 [J]. 暖通空调，2015，45（012）：14－21.

[263] 罗东坤，夏良玉. 煤层气对能源安全贡献定量分析方法 [J]. 油气田地面工程，2009（05）：17－18.

[264] 罗佐县. 加快天然气勘探的有利因素分析 [J]. 天然气技术与经济，2008（6）.

[265] 美国能源信息署张军. 国际能源展望：未来国际能源市场分析与预测（至2025年）[M]. 科学出版社，2006.

[266] 彭红斌，路畅. 我国能源安全问题研究——基于模糊综合评价方法 [J]. 中国能源，2016，38（8）：10－16.

[267] 彭新育，王桂敏. 基于改进的PSO-GA混合算法的中国能源需求预测 [J]. 科技管理研究，2014，315（017）：218－222.

[268] 齐天宇，张希良，何建坤. 全球能源经济可计算一般均衡模型研

究综述．中国人口·资源与环境，2016，No.8".

[269] 气价改革多"堵点"待疏解［N］．中国能源报，2020-06-09．

[270] 钱浩祺，吴力波，任飞州．从"鞭打快牛"到效率驱动：中国区
域间碳排放权分配机制研究［J］．经济研究，2019，54（03）：
86－102．

[271] 曲如晓，吴洁．论碳关税的福利效应［J］．中国人口·资源与环
境，2011，21（4）：37－42．

[272] 阙飞强．浅析天然气消费需求影响因素［J］．企业导报，2011
（21）．

[273] 任重远，李程远．中国能源安全的目标导向评估［J］．国际石油
经济，2017，（11）：28－35．

[274] 尚翠．我国石油行业提升经济竞争力的路径探讨［J］．企业改革
与管理，2019，000（003）：213－214．

[275] 申洪亮，孙洪磊，张雪．新冠病毒疫情对 2020 年中国天然气行业
的影响［J］．国际石油经济，2020，028（002）：68－73．

[276] 沈镭，刘立涛，王礼茂等．2050 年中国能源消费的情景预测［J］．
自然资源学报，2015，30（3）：361－373．

[277] "十四五"天然气行业进入中高速发展阶段．国际燃气网．

[278] 宋春梅．中国能源需求预测与能源结构研究［J］．学术交流，
2009（05）：56－61．

[279] 苏飞，张平宇．中国区域能源安全供给脆弱性分析［J］．中国人
口·资源与环境，2008，18（06）：94－99．

[280] 苏铭，张有生．能源安全评价研究述评［J］．浙江社会科学，
2012（04）：126－132．

[281] 苏欣，袁宗明，谢英，等．城市天然气用气规划研究［J］．天然
气工业，2007，27（5）．

［282］孙才志，阎晓东．中国水资源—能源—粮食耦合系统安全评价及空间关联分析［J］．水资源保护，2018，34（05）：1—8.

［283］孙涵，成金华．中国工业化、城市化进程中的能源需求预测与分析［J］．中国人口·资源与环境，2011，21（007）：7—12.

［284］孙涵，杨普容，成金华．基于 Matlab 支持向量回归机的能源需求预测模型［J］．系统工程理论与实践，2011，31（10）：2001—2007.

［285］孙亮，刘庆玉，高连兴．基于组合预测模型的辽阳地区能源需求预测［J］．沈阳农业大学学报，2014（1）：109—112.

［286］孙佩奇．浅谈城市天然气利用规划中市场预测的方法［J］．城市燃气，2010（5）.

［287］孙睿，况丹，常冬勤．碳交易的"能源—经济—环境"影响及碳价合理区间测算［J］．中国人口资源与环境，2014.

［288］谭志豪．基于 SD 模型的中国能源需求预测［J］．消费导刊，2008（11）：42—42.

［289］唐平雅．电力需求预测方法和能源需求预测模型探讨［J］．中国电力，2000，33（4）：32—34.

［290］陶然，蔡云泽，楼振飞，等．国内外能源预测模型和能源安全评价体系研究综述［J］．上海节能，2012（01）：16—21.

［291］陶阳威，孙梅，王小芳．基于改进的 BP 神经网络的中国能源需求预测研究［J］．山西财经大学学报，2010（S2）：3—5.

［292］天然气消费量增速能否重回两位数？［N］．中国能源报，20201-02-01.

［293］天然气直供动了谁的"奶酪"？［N］．中国能源报，2020-09-14.

［294］田磊，金琴琴，付晓晴．2017 年我国石油市场形势分析与 2018 年展望［J］．中国能源，2018，40（01）：12—16.

［295］田磊，金琴琴，付晓晴．2018 年我国石油市场形势分析与 2019 年

展望［J］．中国能源，2019，41（02）：28－31.

［296］田智宇．"十四五"推进绿色发展的挑战，机遇与路径［J］．中国经贸导刊（中），2020，989（12）：108－110.

［297］涂正革，谌仁俊．排污权交易机制在中国能否实现波特效应？［J］．经济研究，2015，50（07）：160－173.

［298］万佳佳．中国能源安全评价的综合研究——基于因子分析法的视角［D］．2018.

［299］汪涛．组合模型在能源需求预测中的应用［J］．能源与环境，2006（06）：24－26.

［300］王芳.2030年非化石能源消费占比目标可提高到25%［J］．风能，2020（5）：20－22.

［301］王光，韩春梅，郭伟．长距离油气输运管道外部安全风险辨识与评估［C］// 第七届石油天然气管道安全国际会议暨第七届天燃气管道技术研讨会.2014.

［302］王菊，于阿南，房春生．能源革命战略背景下控制煤炭消费的困境与对策——以高比例煤炭消费的吉林省为例［J］．经济纵横，2018（09）：51－57.

［303］王珏，鲍勤．基于小波神经网络的中国能源需求预测模型［J］．系统科学与数学，2009，29（011）：1542－1551.

［304］王坤，员晓阳，王力．基于改进模糊支持向量回归模型的机场能源需求预测［J］．计算机应用，2016，36（005）：1458－1463.

［305］王蕾．"十四五"：亟待增强国内资源保障能力，提高石油安全机制运行的韧性［J］．中国发展观察，2020（18）.

［306］王谋．隐形碳关税：概念辨析与国际治理［J］．气候变化研究进展，2020，16（02）：243－250.

［307］王双燕，高晓龙．基于主成分分析的河南省能源安全评价研究

[J]. 中原工学院学报，2011（06）：22－25.

[308] 王雅菲，陈进殿，李伟，等. 天然气中长期需求预测技术现状及发展趋势 [J]. 石油规划设计，2013，24（6）.

[309] 王勇，王恩东，毕莹. 不同情景下碳排放达峰对中国经济的影响——基于 CGE 模型的分析 [J]. 资源科学，2017（10）.

[310] 王越、娄钰、王陆新、郭威. 新形势下稳定我国石油行业发展思考与建议 [J]. 石油科技论坛，2020，v.39；No.206（04）：20－29＋58.

[311] 隗斌贤，宁自军. 结构变化、效率改进与浙江省能源需求预测 [J]. 科技通报，2012（11）：130－134.

[312] 隗斌贤. 九五及 2010 年浙江省能源需求预测研究 [J]. 预测，1997（2）：25－32.

[313] 魏一鸣，梁巧梅，范英，等. 中国区域能源需求预测 [J]. 科学新闻，2006（15）：9－11.

[314] 魏一鸣，吴刚，梁巧梅，廖华. 中国能源报告 2012：能源安全研究. 北京：科学出版社，2012.

[315] 魏一鸣，吴刚，刘兰翠，范英. 能源—经济—环境复杂系统建模与应用进展 [J]. 管理学报，2005（02）.

[316] 魏一鸣. 中国能源报告. 2012，能源安全研究. [M]. 科学出版社，2012.

[317] 吴灿奇. 未来十年我国天然气利用趋势探讨 [J]. 国际石油经济，2012，20（z1）.

[318] 吴刚，刘兰翠，魏一鸣. 能源安全政策的国际比较 [J]. 中国能源，2004，26（12）：36－41.

[319] 吴力波，钱浩祺，汤维祺. 基于动态边际减排成本模拟的碳排放权交易与碳税选择机制 [J]. 经济研究，2014（9）：48－61.

[320] 吴尧萍，王远，林晓梅，等．江苏省能源需求预测及二氧化碳减排研究 [J]．长江流域资源与环境，2013，22（7）：908.

[321] 吴钟瑚，陈书通．我国中长期能源需求预测及政策建议 [J]．中国能源，1995（10）：10－14.

[322] 武英涛，王克强．上海市能源需求预测研究 [J]．上海经济研究，2011（01）：95－105.

[323] 夏先良．碳关税、低碳经济和中美贸易再平衡 [J]．国际贸易，2009，（11）：37－45.

[324] 夏雪，钱伟婷．基于径向基函数神经网络天然气消费量的预测模型 [J]．科技展望，2015，25（25）.

[325] 肖宏伟，吴艳军．新常态下北京市十三五分品种分行业能源需求预测研究 [J]．发展研究，2017（06）：42－51.

[326] 肖宏伟．2013 年～2020 年能源需求预测及对策建议 [J]．宏观经济管理，2014（01）：51－52.

[327] 谢来辉．欧盟应对气候变化的边境调节税：新的贸易壁垒 [J]．国际贸易问题，2008，（2）：65－71.

[328] 邢璐，邹骥，石磊．小康社会目标下的居民生活能源需求预测 [J]．中国人口·资源与环境，2010（06）：131－135.

[329] 邢小军，周德群．中国能源需求预测函数：主成分辅助的协整分析 [J]．数理统计与管理，2008，000（006）：945－951.

[330] 徐国政．基于 LMDI 的中国天然气消费影响因素研究 [J]．中国煤炭，2016，42（5）.

[331] 徐丽杰．能源消费、经济增长及能源需求预测研究——基于河南省的实证分析 [J]．武汉理工大学学报：社会科学版，2013，26（04）：523－527.

[332] 徐晓亮，程倩，车莹，许学芬．煤炭资源税改革对行业发展和节

能减排的影响 [J]. 中国人口·资源与环境，2015，25（08）：77－83.

[333] 薛静静，史军，王娜. 中国区域能源供给安全综合评价及障碍因素分析 [J]. 阅江学刊，2017（04）：57－64.

[334] 燕群. 中国天然气价格影响因素及未来运行趋势 [J]. 国际石油经济，2016，24（6）.

[335] 杨翱，刘纪显，吴兴弈. 基于 DSGE 模型的碳减排目标和碳排放政策效应研究 [J]. 资源科学，2014，36（07）：1452－1461.

[336] 杨波. 能源需求预测及相关因素的分析 [J]. 经济评论，1993（01）：96－99.

[337] 杨富强. 保障国家能源安全的有效途径：控制石油消费总量 [Z]. 北京国际能源专家俱乐部微信公号，2020-06-27.

[338] 杨俊，牛迪. 我国天然气消费的区域差异及影响因素——基于省际面板数据的实证分析 [J]. 新疆大学学报哲学人文社会科学版，2016，44（2）.

[339] 杨理智，张韧，白成祖，等. 基于贝叶斯网络的我国海上能源通道海盗袭击风险分析与实验评估 [J]. 指挥控制与仿真，2014，36（02）：51－57.

[340] 叶艺勇. 广东省能源需求预测模型构建及实证分析 [J]. 经济数学，2015（03）：68－76.

[341] 应淑芳. 能源需求预测方法的研究 [J]. 数量经济技术经济研究，1985（5）：50－52.

[342] 油气管网公平开放还远吗？ [N]. 中国能源报，2020-08-03.

[343] 油气勘查开采市场全面放开 [N]. 人民网，2020-01-10.

[344] 余萍，刘纪显. 碳交易市场规模的绿色和经济增长效应研究 [J]. 中国软科学，2020（04）：46－55.

［345］袁益，舒展．新时期中国能源安全问题的研究综述与展望［J］.
河北地质大学学报，2019，42（01）：99－108.

［346］袁永娜，李娜，石敏俊．我国多区域 CGE 模型的构建及其在碳交
易政策模拟中的应用．数学的实践和认识，2016（3）：106－116.

［347］詹长根，黄鑫鑫．基于熵权法的广西能源安全评价［J］．国土资
源情报，2017（07）：32－39.

［348］张珺，黄艳．中国天然气供应安全指数构建与建议［J］．天然气
工业，2015，35（3）.

［349］张雷．中国能源安全问题探讨［J］．中国软科学，2001（4）：7－12.

［350］张宁，汤芳，代红才．"十四五"能源电力发展重大问题展望
［J］．能源，2020（01）：27－31.

［351］张沁，李继峰，张亚雄．"十二五"时期我国面临的国际环境壁
垒及应对策略——征收碳出口税的可行性分析［J］．国际贸易，
2010，（11）：21－24.

［352］张淑英，万大中．影响中国天然气供应安全的因素及对策探讨
［J］．中国能源，2007，29（11）.

［353］张文木．中国能源安全与政策选择［J］．世界经济与政治，2003
（5）：11－16.

［354］张晓娣，刘学悦．征收碳税和发展可再生能源研究——基于
OLG-CGE 模型的增长及福利效应分析［J］．中国工业经济，
2015（03）：18－30.

［355］张孝松．改革现行天然气出厂价格结构的研究［J］．天然气技术
与经济，2004（2）.

［356］张新林，赵媛，许昕，等．中国天然气资源流动优势度时空演变
特征［J］．地理研究，2016，35（8）.

［357］张艳，沈镭，于汶加．基于 DPSIR 模型的区域能源安全评价：以

广东省为例 [J]. 中国矿业, 2014 (07): 35—40.

[358] 张友国. 碳强度与总量约束的绩效比较: 基于 CGE 模型的分析 [J]. 世界经济, 2013 (07): 138—160.

[359] 张宇燕, 管清友. 世界能源格局与中国的能源安全 [J]. 世界经济, 2007, 30 (9): 17—30.

[360] 张玉春, 郭宁, 任剑翔. 基于组合模型的甘肃省能源需求预测研究 [J]. 生产力研究, 2012 (11): 31—33.

[361] 张祖欣. 基于多变量误差修正模型与改进灰色理论的我国能源需求预测研究 [J]. 华东电力, 2012, 40 (10): 1685—1689.

[362] 赵奎. 国内天然气利用新趋势及其推动因素研究 [J]. 能源与环境, 2012 (6).

[363] 赵晓琴, 康正坤, 吴凤荣. 管输天然气市场的影响因素及灰色关联分析 [J]. 科协论坛, 2008 (2).

[364] 赵晓琴, 康正坤, 吴凤荣. 天然气消费的影响因素及灰色关联分析 [J]. 油气储运, 2008, 27 (8).

[365] 浙能集团能源问题研究课题组, 童亚辉. 基于城市化的中国未来能源需求预测分析 [J]. 浙江经济, 2012 (16): 36—39.

[366] 郑新业, 吴施美, 李芳华. 经济结构变动与未来中国能源需求走势, 中国社会科学, 2019 年第 2 期, 92—112.

[367] 舟丹. "十四五"我国天然气行业发展八大趋势 [J]. 中外能源, 2020, 25 (11): 28—28.

[368] 周县华, 范庆泉. 碳强度减排目标的实现机制与行业减排路径的优化设计. 世界经济 [J], 2016 (7), 168—192.

[369] 周县华, 范庆泉. 碳强度减排目标的实现机制与行业减排路径的优化设计. 世界经济 [J], 2016 (7), 168—192.

[370] 周扬, 吴文祥, 胡莹, 等. 基于组合模型的能源需求预测 [J].

中国人口·资源与环境，2010，020（004）：63－68.

［371］周云亨，方恺，叶瑞克．能源安全观演进与中国能源转型［J］.
东北亚论坛，2018，27（6）：80－91.

［372］朱佩誉，凌文．不同碳排放达峰情景对产业结构的影响——基于
动态 CGE 模型的分析［J］. 财经理论与实践，2020，41（05）：
110－118.

［373］朱四海."十四五"能源规划：怎么看，怎么办？［J］. 发展研
究，2020（04）：45－49.

［374］朱松丽．交通需求和交通能源需求预测方法［J］. 数量经济技术
经济研究，2004（05）：100－108.

［375］朱彤."十四五"时期可再生能源发展的关键是体制改革与机制
重构［J］. 中国发展观察，2020，250（22）：52－56.

［376］卓骏，刘伟东，丁文均．碳排放约束对我国经济的影响——基于
动态 CGE 模型［J］. 技术经济，2018，37（11）：102－109.

［377］邹莉娜，雷凯．中国天然气消费影响因素及对策［J］. 西安工业
大学学报，2015，35（9）.

［378］邹艳芬．中国能源安全测度［M］. 江西人民出版社，2009.

［379］张强．基于开放复杂巨系统理论的能源安全及预警研究［J］. 中
国科技论坛，2011（2）：95－99.